Édition bilingue audio
ALLEMAND-FRANÇAIS

Nouvelle

Littérature autrichienne

Pour écouter la lecture de ce livre
dans sa version originale allemande ou sa traduction française,
flashez le code en début de chapitre
avec votre téléphone portable ou votre tablette numérique

Titre original :
Buchmendel

Traduction française :
Manfred Schenker, 1935

Lecture en allemand :
Tobias Lelle, ARD Mediathek 2016
(www.ardmediathek.de)

Lecture en français :
Christian Dousset

ISBN : 979-10-95428-42-8
© L'Accolade Éditions, 2017

STEFAN ZWEIG

LE BOUQINISTE
MENDEL

Wieder einmal in Wien und heimkehrend von einem Besuch in den äußern Bezirken, geriet ich unvermutet in einen Regenguß, der mit nasser Peitsche die Menschen hurtig in Haustore und Unterstände jagte, und auch ich selbst suchte schleunig nach einem schützenden Obermir. Glücklicherweise wartet nun in Wien an jeder Ecke ein Kaffeehaus – so flüchtete ich in das gerade gegenüberliegende mit schon tropfendem Hut und arg durchnäßten Schultern. Es erwies sich von innen als Vorstadtcafé hergebrachter, fast schematischer Art, ohne die neumodischen Atrappen der Deutschland nachgeahmten innerstädtischen Musikdielen, altwienerisch bürgerlich und vollgefüllt mit kleinen Leuten, die mehr Zeitungen konsumierten als Gebäck. Jetzt um die Abendstunde war zwar die ohnehin schon stickige Luft mit blauen Rauchkringeln dick marmoriert, dennoch wirkte dies Kaffeehaus sauber mit seinen sichtlich neuen Samtsofas und seiner aluminiumhellen Zahlkasse: in der Eile hatte ich mir gar nicht die Mühe genommen, außen seinen Namen abzulesen, wozu auch? Und nun saß ich warm und blickte ungeduldig durch die blauüberflossenen Scheiben, wann es dem lästigen Regen belieben würde, sich ein paar Kilometer weiter zu verziehen.

De retour à Vienne, après une visite dans la banlieue, je fus surpris par une averse. Fouettés par la pluie, les passants s'enfuyaient sous les porches et les marquises, et moi aussi, je cherchai un abri. Heureusement, à Vienne, un café vous attend à chaque coin de rue. C'est ainsi que je me réfugiai dans celui d'en face, le chapeau déjà ruisselant et les épaules trempées. À l'intérieur il s'avéra que c'était un de ces cabarets de faubourg, typiques de la tradition viennoise. Là, pas de clinquant moderne comme dans les cabarets du centre, où l'on singe l'Allemagne ; à la mode de la bonne vieille ville de Vienne, il regorgeait de petites gens qui faisaient une plus grande consommation de journaux que de pâtisseries. À cette heure de la soirée, y régnait un air épais, tout marbré de volutes de fumée bleue. Malgré cela, ce café avait un air propret, avec ses banquettes en velours et sa caisse brillante, en aluminium. Dans ma hâte, je n'avais même pas pris la peine de lire l'enseigne avant d'entrer. À quoi bon d'ailleurs ? – J'étais assis au chaud. Je regardais impatiemment à travers les vitres couvertes de buée, attendant que cette fâcheuse averse voulût bien s'éloigner de quelques kilomètres.

Unbeschäftigt saß ich also da und begann schon jener trägen Passivität zu verfallen, die narkotisch jedem wirklichen Wiener Kaffeehaus unsichtbar entströmt. Aus diesem leeren Gefühl blickte ich mir einzeln die Leute an, denen das künstliche Licht dieses Rauchraums ein ungesundes Grau um die Augen schattete, schaute dem Fräulein an der Kasse zu, wie sie mechanisch Zucker und Löffel für jede Kaffeetasse dem Kellner austeilte, las halbwach und unbewußt die höchst gleichgültigen Plakate an den Wänden, und diese Art Verdumpfung tat beinahe wohl. Aber plötzlich ward ich auf merkwürdige Weise aus meiner Halbschläferei gespannt, eine innere Bewegung begann unbestimmt unruhig in mir, so wie ein kleiner Zahnschmerz beginnt, von dem man noch nicht weiß, ob er von links, von rechts, vom untern oder oberen Gebiß seinen Ausgang nimmt; nur ein dumpfes Spannen fühlte ich, eine geistige Unruhe. Denn plötzlich – ich hätte es nicht sagen können, wodurch – wurde mir bewußt, hier mußte ich schon einmal vor Jahren gewesen und durch irgendeine Erinnerung diesen Wänden, diesen Stühlen, diesen Tischen, diesem fremden rauchigen Raum verbunden sein.

Aber je mehr ich den Willen vortrieb, diese Erinnerung zu fassen, desto boshafter und glitschiger wich sie zurück – wie eine Qualle ungewiß leuchtend auf dem untersten Grund des Bewußtseins und doch nicht zu greifen, nicht zu packen. Vergeblich klammerte ich den Blick an jeden Gegenstand der Einrichtung; gewiß, manches kannte ich nicht, wie die Kasse zum Beispiel mit ihrem klirrenden Zahlungsautomaten, und nicht diesen braunen Wandbelag aus falschem Palisanderholz, alles das mußte erst später aufmontiert worden sein. Aber doch, aber doch, hier war ich einmal gewesen vor zwanzig Jahren und länger,

Dans mon oisiveté, je commençais déjà à m'abandonner à la molle passivité qui émane subrepticement de tout véritable café viennois. Dans cet état incertain, je dévisageais un par un les gens dont les yeux, dans cet air enfumé et sous cette lumière artificielle, se cernaient d'un halo gris maladif. J'observais la demoiselle de la caisse, qui distribuait mécaniquement aux garçons le sucre et les cuillères pour chaque tasse de café. Somnolent, à demi conscient, je lisais les réclames ineptes qui couvraient les murs, et cette sorte d'engourdissement me procurait un certain bien-être. Mais soudain, je fus arraché à mes rêveries de la manière la plus étrange. Une vague émotion, une sorte d'inquiétude m'envahit, comme une petite douleur dentaire qui commence, sans qu'on sache au juste si elle vient de la joue droite ou de la gauche, d'en haut ou bien d'en bas. J'éprouvais seulement une sourde tension, une préoccupation, car je me rendais compte, sans deviner pourquoi, que j'étais déjà venu ici une fois, des années auparavant, et qu'une obscure réminiscence me liait à ces murs, à ces chaises, à ces tables et à cette salle enfumée.

Mais plus je m'efforçais de saisir ce vague souvenir, plus il se dérobait et glissait avec malignité, luisant vaguement comme une méduse au plus profond de ma conscience, et pourtant impossible à atteindre ou à saisir. En vain, j'essayais de fixer du regard tous les objets qui m'entouraient. Certes, je n'avais jamais vu cette caisse qui tintait à chaque paiement, ni cette boiserie brune en faux palissandre, car tout cela avait dû être installé plus tard. Mais pourtant, j'étais déjà venu là, il y a vingt ans ou davantage.

hier hatte etwas mich stark beschäftigt und angespannt, hier heftete, im Unsichtbaren versteckt wie der Nagel im Holz, etwas von meinem eigenen, längst überwachsenen Ich. Gewaltsam streckte und stieß ich alle meine Sinne vor in den Raum und gleichzeitig in mich hinein – und doch, verdammt! ich konnte sie nicht erreichen, diese verschollene, in mir selbst ertrunkene Erinnerung.

Ich ärgerte mich, wie man sich immer ärgert, wenn der eigene Leib dem Willen nicht gehorcht, wenn irgendein Versagen einen die Unzulänglichkeit und Unvollkommenheit unserer geistigen Kräfte gewahr werden läßt. Aber ich gab die Hoffnung nicht auf, diese Erinnerung doch noch zu erreichen. Nur einen winzigen Haken, das wußte ich, mußte ich in die Hand kriegen, um dies im Schlamm des Vergessens Versteckte heraufzuholen, denn mein Gedächtnis ist sonderbar geartet, gut und schlecht zugleich, einerseits trotzig und eigenwillig, aber dann wieder unbeschreiblich getreu. Es schluckt das Wichtigste sowohl an Geschehnissen als auch an Gesichtern, an Gelesenem wie an Erlebtem willig hinab in seine Dunkelheiten und gibt nichts aus dieser Unterwelt ohne Zwang, bloß auf den Anruf des Willens heraus. Aber nur den flüchtigsten Halt muß ich fassen, eine Ansichtskarte, ein paar Schriftzüge auf einem Briefkuvert, ein verräuchertes Zeitungsblatt, und sofort zuckt das Vergessene wie an der Angel der Fisch aus der dunkel strömenden Fläche völlig leibhaft und sinnlich wieder hervor. Jede Einzelheit weiß ich dann eines Menschen, einer Landschaft sofort wieder, die Farbe seiner Pupille und seinen Mund und im Mund wieder die Zahnlücke links bei seinem Lachen und den brüchigen Tonfall dieses Lachens und wie dabei der Schnurrbart ins Zucken kommt und wie ein anderes, neues Antlitz heraustaucht aus diesem Lachen

Ici demeurait, cachée et invisible comme une pointe dans le bois, une bribe de mon âme d'autrefois recouverte depuis longtemps. Mes sens fouillèrent avec force autour de moi et en moi-même. Et pourtant – bon sang ! impossible de l'atteindre, ce souvenir disparu, englouti au fond de moi.

J'étais irrité, comme nous le sommes toujours quand un quelconque « raté » nous fait constater, une fois de plus, l'insuffisance et l'imperfection de nos capacités mentales. Mais je ne renonçais pas à l'espoir de reconquérir ce souvenir, malgré tout. Je le savais bien, il suffisait que j'aie un minuscule hameçon, car ma mémoire est si étrange, bonne et mauvaise à la fois, capricieuse et mutine, incroyablement fidèle, pourtant. Souvent elle engloutit dans ses profondeurs les événements ou les visages, les lectures ou les moments vécus, et elle ne restitue jamais rien sans y être contrainte, sur une seule injonction de ma volonté. Mais il suffit du moindre point de repère, d'une carte postale illustrée, de quelques mots écrits sur une enveloppe ou d'une page de journal jaunie, pour qu'aussitôt la chose oubliée frétille comme un poisson au bout d'une ligne sous la mystérieuse surface et resurgisse, toute charnue, bien concrète. Je retrouve alors chaque particularité d'une personne, la bouche, la dent qui manque à gauche quand elle sourit, le son chevrotant de son rire et aussi le frémissement de la moustache dans le visage nouveau qui surgit dans ce sourire.

– alles das sehe ich dann sofort in völliger Vision und weiß auf Jahre zurück jedes Wort, das dieser Mensch mir jemals erzählte. Immer aber bedarf ich, um Vergangenes sinnlich zu sehen und zu fühlen, eines sinnlichen Anreizes, eines winzigen Helfers aus der Wirklichkeit. So schloß ich die Augen, um angestrengter nachdenken zu können, um jenen geheimnisvollen Angelhaken zu formen und zu fassen. Aber nichts! Abermals nichts! Verschüttet und vergessen! Und ich erbitterte mich derart über den schlechten eigenwilligen Gedächtnisapparat zwischen meinen Schläfen, daß ich hätte mit den Fäusten mir die Stirne schlagen können, so wie man einen verdorbenen Automaten anrüttelt, der widerrechtlich das Geforderte zurückbehält. Nein, ich konnte nicht länger ruhig sitzen bleiben, so erregte mich dieses innere Versagen, und ich stand vor lauter Aerger auf, mir Luft zu machen. Aber sonderbar – kaum daß ich die ersten Schritte durch das Lokal getan, da begann es schon, flirrend und funkelnd, dieses erste phosphoreszierende Dämmern in mir. Rechts von der Zahlkasse, erinnerte ich mich, muß es hinübergehen in einen fensterlosen und nur von künstlichem Licht erhellten Raum. Und tatsächlich: es stimmte. Da war es, anders tapeziert als damals, aber doch genau in den Proportionen, dies in seinen Konturen verschwimmende rechteckige Hinterzimmer, das Spielzimmer. Instinktiv sah ich mich um nach den einzelnen Gegenständen mit schon freudig vibrierenden Nerven (gleich würde ich alles wissen, fühlte ich). Zwei Billards lungerten groß und verlassen darin, in den Ecken hockten ein paar Spieltische, an deren einem zwei Hofräte oder Professoren Schach spielten. Und in der Ecke, knapp beim eisernen Ofen, dort, wo man zur Telephonzelle ging, stand ein kleiner viereckiger Tisch. Und da blitzte es mich plötzlich durch und durch. Ich wußte sofort, sofort, mit einem einzigen, heißen, beglückt erschütterten Ruck:

Tout cela, je l'aperçois dans une vision instantanée parfaite, et des années après, je me souviens de chaque mot que cette personne m'a dit. Mais toujours il me faut, pour saisir et voir le passé, une excitation des sens, un minuscule fait concret. Je fermai les yeux pour mieux réfléchir, pour former et retrouver cet hameçon magique. Mais rien ! Oublié, englouti ! Je m'exaspérais tellement contre cet appareil défectueux de ma mémoire capricieuse, logé entre mes deux tempes, que j'aurais voulu me frapper le front, comme on secoue brutalement un distributeur automatique déglingué qui ne vous livre pas l'objet auquel on a droit. Impossible de rester assis tranquillement plus longtemps, tant cette défaillance interne me contrariait, et par pur agacement je me levai pour me donner un peu de mouvement. Chose étrange ! À peine avais-je fait quelques pas dans le café que déjà en moi commença de papilloter et de scintiller une première phosphorescence crépusculaire. À droite de la caisse – je m'en souvenais maintenant – une porte devait conduire dans une pièce sans fenêtres, éclairée à la lumière artificielle. Et en effet c'était le cas : elle était là, cette pièce séparée, cette salle de jeu. Tapissée autrement que jadis, mais avec les mêmes proportions ; une arrière-salle rectangulaire, aux contours flous. Instinctivement je cherchai les différents meubles. Mes nerfs vibraient joyeusement, je sentais que j'allais tout savoir. Deux billards étalaient leurs tapis verts comme des mares stagnantes et muettes. Dans les coins étaient disposées des tables de jeu, et à l'une d'entre elles, deux fonctionnaires, ou des professeurs, jouaient aux échecs. Dans un angle, tout près du calorifère, à l'entrée de la cabine téléphonique, se trouvait une petite table carrée. Alors, ce fut comme un éclair qui me traversa de part en part. Je sus aussitôt, sur-le-champ, dans un seul frémissement brûlant, qui me bouleversa de bonheur :

mein Gott, das war ja Mendels Platz, Jakob Mendels, Buchmendels, und ich war nach zwanzig Jahren wieder in sein Hauptquartier, in das Café Gluck in der obern Alserstraße, geraten. Jakob Mendel, wie hatte ich ihn vergessen können, so unbegreiflich lange, diesen sonderbarsten Menschen und sagenhaften Mann, dieses abseitige Weltwunder, berühmt an der Universität und in einem engen, ehrfürchtigen Kreis – wie ihn aus der Erinnerung verlieren, ihn, den Magier und Makler der Bücher, der hier täglich unentwegt saß vom Morgen bis Abend, ein Wahrzeichen des Wissens, Ruhm und Ehre des Café Gluck!

Und nur diese eine Sekunde lang mußte ich den Blick nach innen wenden, hinter die Lider, und aufstieg schon aus dem bildnerisch erhellten Blut seine unverkennbare, plastische Gestalt. Ich sah ihn getreu so, wie er dort immer saß an dem viereckigen Tischchen mit der grauschmutzigen Marmorplatte, der allzeit mit Büchern und Schriften überhäuften. Wie er dort unentwegt und unerschütterlich saß, den bebrillten Blick unerweckbar starr auf ein Buch geheftet, wie er dort saß und im Lesen summend und brummend seinen Körper und die schlecht polierte fleckige Glatze vor und zurück schaukelte, eine Gewohnheit, mitgebracht aus dem Cheder, der jüdischen Kleinkinderschule des Ostens. Hier an diesem Tisch und nur an ihm las er seine Kataloge und Bücher, wie man ihn das Lesen in der Talmudschule gelehrt, leise singend und sich schwingend, eine schwarze schaukelnde Wiege. Denn wie ein Kind in Schlaf fällt und der Welt entsinkt durch dies rhythmisch hypnotische Auf und Nieder, so geht nach der Meinung jener Frommen auch der Geist leichter ein in die Gnade der Versenkung dank dieses Sichwiegens und Sichschwingens des müßigen Leibes. Und tatsächlich, dieser Jakob Mendel sah und hörte nichts von allem um ihn.

mon Dieu ! Mais c'était la place de Mendel, du bouquiniste Jakob Mendel ! Après vingt ans j'étais entré, sans m'en douter, dans son quartier général, le café Gluck, dans le haut de l'Alserstrasse. Jakob Mendel ! Comment avais-je pu l'oublier tout ce temps, cet homme extraordinaire, ce phénomène, ce prodige insensé, cet homme légendaire, célèbre à l'Université et parmi un petit cercle de gens qui le respectaient fort, ce magicien, ce prestigieux bouquiniste qui, assis là sans désemparer tous les jours, du matin au soir, avait fait la gloire et la renommée du café Gluck !

Il me suffit de fermer les yeux une seule seconde pour regarder en moi-même, et aussitôt il apparut, éclairé nettement sur l'écran rose de mes paupières. Il m'apparut sur-le-champ en chair et en os, à sa petite table carrée au plateau de marbre gris sale, où les livres et les paperasses croulaient. Il trônait là, immuable, ses yeux cerclés de lunettes fixés hypnotiquement sur un livre. Tout en lisant, il grommelait et balançait de temps en temps son buste et son crâne chauve graisseux et mal rasé, habitude qu'il avait prise au cheder, l'école des petits enfants juifs, dans l'Est. C'est à cette table, et ici seulement, qu'il lisait ses catalogues et ses livres, comme on lui avait appris à le faire à l'école talmudique, en chantonnant doucement et en se balançant tel un berceau noir qui oscille. Car les pieux Israélites savent que grâce au doux balancement du corps oisif, leur esprit, comme l'enfant qui s'endort et qui échappe au monde, entre mieux par ce mouvement rythmé et hypnotisant, dans la grâce de l'extase. Et en effet, ce Jakob Mendel ne voyait et n'entendait rien de ce qui se passait autour de lui.

Neben ihm lärmten und krakeelten die Billardspieler, liefen die Marköre, rasselte das Telephon, man scheuerte den Boden, man heizte den Ofen, er merkte nichts davon. Einmal war eine glühende Kohle aus dem Ofen gefallen, schon brenzelte und qualmte das Parkett zwei Schritt von ihm, da erst, am infernalischen Gestank, bemerkte ein Gast die Gefahr und stürzte zu, hastig das Qualmen zu löschen: er selbst aber, Jakob Mendel, nur zwei Zoll weit und schon angebeizt vom Rauch, er hatte nichts gemerkt. Denn er las wie andere beten, wie Spieler spielen und Trunkene betäubt ins Leere starren, er las mit einer so rührenden Versunkenheit, daß alles Lesen von anderen Menschen mir seither immer profan erschien. In diesem kleinen galizischen Büchertrödler Jakob Mendel hatte ich zum erstenmal als junger Mensch das große Geheimnis der restlosen Konzentration gesehen, das den Künstler macht wie den Gelehrten, den wahrhaft Weisen wie den vollkommen Irrwitzigen, dieses tragische Glück und Unglück vollkommener Besessenheit.

Hingeführt zu ihm hatte mich ein älterer Kollege von der Universität. Ich forschte damals dem selbst heute noch wenig erkannten parazelsischen Arzt und Magnetiseur Mesmer nach, allerdings mit wenig Glück, denn die einschlägigen Werke erwiesen sich als unzulänglich und der Bibliothekar, den ich argloser Neuling um Auskunft gebeten, murrte mich unfreundlich an, Literaturnachweise seien meine Sache, nicht die seine. Damals nannte mir nun jener Kollege zum erstenmal seinen Namen. „Ich geh' mit dir zu Mendel", versprach er mir, „der weiß alles und verschafft alles, der holt dir das entlegenste Buch aus dem vergessensten deutschen Antiquariat heran.

On jouait au billard : les marqueurs allaient et venaient, le téléphone sonnait, quelqu'un récurait le plancher ou remplissait le fourneau. Tout cela passait inaperçu. Un jour, un charbon ardent, tombé du calorifère, avait mis le feu au plancher, tout près de lui, et déjà cela fumait ! Un client fut alerté par l'odeur suffocante et accourut pour éteindre le brasier naissant. Mais lui, Jakob Mendel, à deux pas de là et tout entouré de fumée, n'avait rien remarqué. Car il lisait comme d'autres prient, comme des joueurs se passionnent pour leur partie, ou comme des ivrognes suivent une idée fixe ; je l'avais vu lire avec un recueillement si parfait, que la manière dont lisent les autres gens m'a toujours semblé, depuis lors, une chose profane. Sans aucun doute, le pauvre bouquiniste de Galicie Jakob Mendel avait révélé pour la première fois au jeune étudiant que j'étais le grand secret de la concentration parfaite, propre à l'artiste et au savant, au véritable sage comme au fou intégral, ce bonheur ou ce malheur tragique qui fait de l'homme un véritable possédé.

J'avais été introduit auprès de lui par un camarade un peu plus âgé que moi. À cette époque, je faisais des recherches sur Mesmer, médecin et magnétiseur alors encore peu reconnu de l'école de Paracelse. J'avais beaucoup de mal à me documenter. Les ouvrages des spécialistes étaient tout à fait insuffisants. Le bibliothécaire à qui je m'étais adressé avec une naïve confiance m'avait répondu d'un ton bourru que ce n'était pas son affaire de m'indiquer les sources bibliographiques. Alors, le camarade en question me cita, pour la première fois, le nom de Mendel : « J'irai avec toi chez lui, me promit-il. Il sait tout et vous procure tout. Il te dénichera le livre le plus introuvable, caché dans la boutique du plus obscur antiquaire allemand.

Der tüchtigste Mann in Wien und überdies noch ein Original, ein
vorweltlicher Bücher-Saurier aussterbender Rasse."

So gingen wir zu zweit ins Café Gluck und siehe, da saß
Buchmendel, bebrillt, bartumschludert, schwarz angetan und wiegte
sich lesend wie ein dunkler Busch im Wind. Wir traten heran, er
merkte es nicht. Er saß nur und las und wiegte den Oberkörper
pagodenhaft hin und zurück über den Tisch, den unordentlich mit
Büchern und Katalogen überhäuften, und hinter ihm pendelte am
Haken sein brüchiger schwarzer Paletot, gleichfalls breit angestopft
mit Zeitschriften und Zettelwerk. Um uns anzukündigen, hustete
mein Freund kräftig. Aber Mendel, die dicke Brille hart ans Buch
gedrückt, merkte noch nichts. Endlich klopfte mein Freund an die
Tischplatte, genau so laut und kräftig wie man an eine Türe pocht – da
starrte Mendel endlich auf, schob die ungefüge stahlgeränderte Brille
mechanisch rasch die Stirn empor und unter den weggesträubten,
aschgrauen Brauen stachen zwei merkwürdige Augen uns entgegen,
kleine, schwarze, wache Augen, flink, spitz und flippend wie eine
Schlangenzunge. Mein Freund präsentierte mich und ich erläuterte
mein Anliegen, wobei ich zuerst – diese List hatte mein Freund
ausdrücklich anempfohlen – mich scheinzornig über den Bibliothekar
beklagte, der mir keine Auskunft hatte geben wollen. Mendel lehnte
sich zurück und spuckte sorgfältig aus. Dann lachte er nur kurz
mit stark östlichem Jargon: „Nicht gewollt hat er? Nein – nicht
gekonnt hat er! Ein Parch is er, ein geschlagener Esel mit graue Haar.

C'est dans ce domaine l'homme le mieux renseigné de tout Vienne. Et de plus, un original, le dernier représentant de la race antédiluvienne des bouquinistes. »

Nous nous rendîmes ensemble au café Gluck. Et c'est là qu'était assis ce Mendel, vêtu de noir, le nez armé de lunettes, le visage embroussaillé, et il se balançait en lisant, comme un buisson sous le vent. Nous nous approchâmes. Il ne nous remarqua pas. Il restait assis, il lisait, son buste oscillait comme celui d'un bonze. Et au-dessus de la table, derrière lui, son manteau noir très fatigué était accroché à une patère branlante, les poches bourrées de fiches et de revues. Mon ami toussa très fort pour annoncer notre présence. Mais Mendel, ses grosses lunettes tout contre le livre, ne remarqua rien. Enfin, mon ami frappa sur la table, avec la même énergie qu'on frappe à une porte. Alors Mendel se redressa et releva machinalement sur son front ses lourdes lunettes d'acier. Sous des sourcils touffus et grisonnants, deux yeux étranges nous fixèrent, deux petits yeux vifs, noirs et alertes, mobiles et pointus comme une langue de serpent. Mon ami me présenta et j'expliquai le but de ma visite, non sans avoir d'abord, avec une colère feinte – ruse que mon ami m'avait expressément recommandée –, pesté contre le bibliothécaire qui n'avait pas voulu me renseigner. Mendel s'appuya contre le dossier de sa chaise et, posément, il cracha. Puis il eut un petit rire et me répondit avec l'accent et dans son jargon de l'Est, très marqué : « Pas voulu ? Allons donc ! Dites plutôt qu'il n'a pas pu. C'est une mule, un âne de la belle espèce, avec ses cheveux gris !

Ich kenn' ihn, Gott sei's geklagt, schon zwanzig Jahr, aber gelernt hat er seitdem noch immer nix. Gehalt einstecken, dos is das einzige, was die können, Ziegelsteine sollten sie lieber schupfen, diese Herrn Doktors, statt bei die Bücher sitzen."

Mit dieser kräftigen Herzentladung war das Eis gebrochen und eine gutmütige Handbewegung lud mich zum erstenmal an den viereckigen, mit Notizen überschmierten Marmortisch, diesen mir noch unbekannten Altar bibliophiler Offenbarungen. Ich erklärte rasch meine Wünsche: die zeitgenössischen Werke über Magnetismus sowie alle späteren Bücher und Polemiken für und gegen Mesmer; sobald ich fertig war, kniff Mendel eine Sekunde das linke Auge zusammen, genau wie ein Schütze vor dem Schuß. Aber wahrhaftig, nur eine Sekunde dauerte diese Geste konzentrierter Aufmerksamkeit, dann zählte er sofort, wie aus einem unsichtbaren Katalog lesend, zwei oder drei Dutzend Bücher fließend auf, jedes mit Verlagsort, Jahreszahl und ungefährem Preis. Ich war verblüfft. Obwohl vorbereitet, dies hatte ich nicht erwartet. Aber meine Verdutztheit schien ihm wohlzutun, denn sofort spielte er auf der Klaviatur seines Gedächtnisses die wunderbarsten bibliophilen Paraphrasen meines Themas weiter. Ob ich auch über die Somnambulisten etwas wissen wollte und über die ersten Versuche mit Hypnose, und über Gaßner, die Teufelsbeschwörungen und die Christian Science und die Blavatsky? Wieder prasselten die Namen, die Titel, die Beschreibungen; jetzt erst begriff ich, an ein wie einzigartiges Wunder an Gedächtnis ich bei Jakob Mendel geraten war, tatsächlich an ein Lexikon, an einen Universalkatalog auf zwei Beinen.

Je le connais, parbleu, depuis plus de vingt ans. Mais, pendant tout ce temps, il n'a rien appris. La seule chose qu'ils sachent faire, c'est d'empocher leur traitement ! Ils feraient mieux de pousser une brouette, ces Messieurs les Docteurs, que de s'occuper de livres ! »

Grâce à cette sortie vigoureuse, la glace était rompue, et il m'invita pour la première fois à cette table de marbre carrée, toute barbouillée de petites notes, à cet autel mystérieux des révélations bibliographiques, qui m'était encore inconnu. Vite, je lui exposai mes désirs : je cherchais des livres anciens sur le magnétisme, ainsi que des ouvrages récents et des pamphlets pour et contre Mesmer. Dès que j'eus fini, Mendel cligna l'œil gauche une seconde, tout comme un tireur qui met en joue. Et cette attitude d'attention concentrée ne dura vraiment qu'une seconde. Aussitôt, comme s'il lisait un catalogue invisible, il cita à toute allure deux ou trois douzaines d'ouvrages, avec pour chacun le lieu et la date de l'édition, ainsi que leur prix approximatif. J'étais ébahi. Bien qu'averti, je ne m'attendais pas à pareille chose. Mais mon ébahissement eut l'air de lui plaire. Car aussitôt, il se mit à jouer sur le clavier de sa mémoire les variations bibliographiques les plus étonnantes, sur le thème que je lui avais proposé. Il me demanda si je désirais aussi être renseigné sur les somnambulistes, les débuts de l'hypnose, Gassner, l'exorcisme, la Christian Science et Mme Blavatsky. De nouveau, les noms, les titres et les descriptions crépitèrent. Maintenant seulement, je comprenais devant quel phénomène prodigieux de mémoire je me trouvais : ce Jakob Mendel était une véritable encyclopédie, un catalogue universel ambulant.

Ganz benommen starrte ich dieses bibliographische Phänomen an, eingespult in die unansehnliche, sogar etwas schmierige Hülle eines galiziarischen kleinen Buchtrödlers, der, nachdem er mir etwa achtzig Namen heruntergerasselt, scheinbar achtlos, aber innerlich wohlgefällig über seinen ausgespielten Trumpf sich die Brille mit einem vormals vielleicht weiß gewesenen Taschentuch putzte. Um mein Staunen ein wenig zu bemänteln, fragte ich zaghaft, welche von diesen Büchern er mir allenfalls besorgen könne. „Nu, man wird ja sehen, was sich machen läßt", brummte er. „Kommen Sie nur morgen wieder her, der Mendel wird Ihnen inzwischen schon etwas auftreiben, und was sich nicht findet, wird sich anderswo finden. Wenn einer Sechel hat, hat er auch Glück." Ich dankte höflich und stolperte aus lauter Höflichkeit sofort in eine dicke Dummheit hinein, indem ich vorschlug, ihm meine gewünschten Buchtitel auf einen Zettel zu notieren. Im gleichen Augenblick spürte ich schon einen warnenden Ellbogenstoß meines Freundes. Aber zu spät! Schon hatte mir Mendel einen Blick zugeworfen – welch einen Blick! – einen gleichzeitig triumphierenden und beleidigten, einen höhnischen und überlegenen, einen geradezu königlichen Blick, den Shakespeareschen Blick Macbeths, wie Macduff dem unbesiegbaren Helden zumutet, sich kampflos zu ergeben. Dann lachte er abermals kurz, der große Adamsapfel an seiner Kehle kollerte merkwürdig hin und her, anscheinend hatte er ein grobes Wort mühsam verschluckt. Und er wäre im Recht gewesen, mit jeder erdenklichen Grobheit, der gute, brave Buchmendel, denn nur ein Fremder, ein Ahnungsloser (ein „Amhorez", wie er sagte) konnte eine derart beleidigende Zumutung stellen, ihm, Jakob Mendel, einen Buchtitel aufzunotieren wie einem Buchhandlungslehrling oder Bibliotheksdiener, als ob dieses unvergleichliche, dieses diamantene Buchgehirn

J'admirais, tout abasourdi, cette merveille bibliographique logée dans la personne insignifiante et même un peu crasseuse d'un petit bouquiniste de Galicie. Après m'avoir cité, en un feu roulant, environ quatre-vingts titres, sans avoir l'air de rien mais content d'avoir montré ce qu'il savait, il nettoyait maintenant tranquillement ses lunettes avec son mouchoir qui, un jour peut-être, avait été blanc. Pour lui cacher un peu mon étonnement, je lui demandai timidement quels étaient ceux de ces ouvrages qu'il pourrait éventuellement me procurer. – « Hum ! on verra ce qu'on peut faire, grommela-t-il. Revenez demain : Mendel vous trouvera bien quelque chose. Et ce qui n'est pas sur place, on le dénichera ailleurs. Quand on a du flair, on a aussi de la chance. » Je le remerciai très poliment, et je commis aussitôt, et par obligeance, une grosse maladresse en proposant de lui noter sur un bout de papier les ouvrages que je désirais. Mon ami me poussa du coude. Trop tard ! Déjà Mendel m'avait lancé un regard – et quel regard ! – à la fois triomphant, offensé, railleur et plein de supériorité, un regard véritablement royal, celui que le Macbeth de Shakespeare dut lancer à Macduff qui invitait ce héros invincible à se rendre sans combat. Puis il eut de nouveau un petit rire, sa grosse pomme d'Adam s'agita bizarrement comme s'il venait d'avaler un gros mot. Il aurait eu le droit de me lancer à la tête la pire grossièreté, ce bon, ce brave bouquiniste Mendel. Seul un étranger (un « *amhorez* », comme il disait), un homme qui ne le connaissait pas, pouvait lui suggérer de façon aussi vexante, à lui Jakob Mendel, – pouvait suggérer à Jakob Mendel, – de noter le titre d'un livre à la manière des apprentis libraires ou des employés de bibliothèques, comme si ce cerveau incomparable, limpide comme un diamant,

solch grober Hilfsmittel jemals bedurft hätte. Erst später begriff ich, wie sehr ich sein abseitiges Genie mit diesem höflichen Angebot gekränkt haben mußte, denn dieser kleine, zerdrückte, ganz in seinen Bart eingewickelte und überdies bucklige galizische Jude, Jakob Mendel, war ein Titan des Gedächtnisses. Hinter dieser kalkigen, schmutzigen, von grauem Moos überwucherten Stirn stand in der unsichtbaren Geisterschrift des Gedächtnisses jeder Name und Titel wie mit Stahlguß eingestanzt, der je auf einem Titelblatt eines Buches gedruckt war. Er wußte von jedem Werk, dem gestern erschienenen wie von einem zweihundertjahralten, auf den ersten Hieb genau den Erscheinungsort, den Verfasser, den Preis, neu und antiquarisch, und erinnerte sich bei jedem Buch mit fehlloser Vision zugleich an Einband und Illustrationen und Faksimilebeigaben, er sah jedes Werk, ob er es selbst in den Händen gehabt oder nur von fern in einer Auslage oder Bibliothek einmal erspäht hatte, mit der gleichen exakten optischen Deutlichkeit wie der schaffende Künstler sein inneres und der anderen Welt noch unsichtbares Gebilde. Er erinnerte sich, wenn etwa ein Buch im Katalog eines Regensburger Antiquariats um sechs Mark angeboten war, sofort, daß ebendasselbe in einem anderen Exemplar vor zwei Jahren in einer Wiener Auktion um vier Kronen zu haben gewesen war, und zugleich auch den Ersteher: nein, Jakob Mendel vergaß nie einen Titel, eine Zahl, er kannte jede Pflanze, jede Infusorie, jeden Stern in dem ewig schwingenden und ständig umgerüttelten Kosmos des Bücherweltalls. Er wußte in jedem Fach mehr als die Fachleute, er beherrschte die Bibliotheken besser als die Bibliothekare, er kannte die Lager der meisten Firmen auswendig besser als ihre Besitzer trotz ihren Zetteln und Kartotheken, indes ihm nichts zu Gebote stand als Magie des Erinnerns, als dies unvergleichliche, dies nur an hundert einzelnen Beispielen wahrhaft zu explizierende Gedächtnis.

avait jamais eu recours à des moyens aussi grossiers ! Plus tard seulement, je compris à quel point j'avais dû offenser ce rare génie de la mémoire. En effet, ce petit juif de Galicie, rabougri, contrefait et hirsute, était un titan de la mémoire. Derrière ce front crayeux, sale, que l'on eût dit recouvert d'une mousse grise, était gravé comme dans l'airain, par la main fantomatique et invisible de la mémoire, le moindre nom, le moindre titre jamais imprimé sur la première page d'un livre. De chaque ouvrage, paru hier ou il y a deux cents ans, il pouvait citer, sans hésitation, le nom de l'auteur, le lieu de publication, le prix neuf ou d'occasion ; pour chaque livre il se rappelait avec une netteté étonnante la reliure, les illustrations et les fac-similés donnés en annexe. De tous les livres, qu'il les ait eus en main ou qu'il ne les ait qu'entrevus de loin dans une devanture ou dans une bibliothèque, il avait une vision nette, comme celle de l'artiste qui contemple en son esprit l'œuvre encore invisible pour le monde, et qu'il va créer. Quand par exemple un ouvrage était offert pour six marks dans le catalogue d'un marchand de Ratisbonne, il se rappelait aussitôt qu'un autre exemplaire de ce même ouvrage avait été vendu aux enchères à Vienne, deux ans auparavant, pour quatre couronnes, et il savait le nom de l'acheteur. En vérité, Jacob Mendel n'oubliait jamais un titre ou une date. Il connaissait chaque étoile, chaque plante, chaque infusoire dans l'univers toujours mouvant et changeant de la bibliographie. Dans chaque domaine, il en savait plus long que tous les spécialistes. Mieux que les bibliothécaires, il connaissait leurs bibliothèques ; mieux que les collectionneurs munis de répertoires et de fichiers, il connaissait par cœur les stocks des grands marchands. Et pourtant, il ne disposait de rien d'autre que de la magie incomparable du souvenir, de cette mémoire dont on ne pouvait se faire une idée véritable qu'après cent exemples différents.

Freilich, dieses Gedächtnis hatte nur so dämonisch unfehlbar sich schulen und gestalten können durch das ewige Geheimnis jeder Vollendung: durch Konzentration. Außerhalb der Bücher wußte dieser merkwürdige Mensch nichts von der Welt, denn alle Phänomene des Daseins begannen für ihn erst wirklich zu werden, wenn sie in Lettern sich umgossen, wenn sie in einem Buche sich gesammelt und gleichsam sterilisiert hatten. Aber auch diese Bücher selbst las er nicht auf ihren Sinn, auf ihren geistigen und erzählerischen Gehalt: nur ihre Namen, ihr Preis, ihre Erscheinungsform, ihr erstes Titelblatt zogen seine Leidenschaft an. Unproduktiv und unschöpferisch im letzten, bloß ein hunderttausendstelliges Verzeichnis von Titeln und Namen, in die weiche Gehirnrinde eines Säugetieres eingestempelt, statt wie sonst in einen Buchkatalog geschrieben, war dies spezifisch antiquarische Gedächtnis Jakob Mendels jedoch in seiner einmaligen Vollendung als Phänomen nicht geringer als jenes Napoleons für Physiognomien, Mezzofantis für Sprachen, eines Lasker für Schachanfänge, eines Busoni für Musik. Eingesetzt in ein Seminar, an eine öffentliche Stelle, hätte das Gehirn Tausende, Hunderttausende von Studenten und Gelehrte belehrt und erstaunt, fruchtbar für die Wissenschaften, ein unvergleichlicher Gewinn für jene öffentlichen Schatzkammern, die wir Bibliotheken nennen. Aber diese obere Welt war ihm, dem kleinen, ungebildeten galizischen Buchtrödler, der nicht viel mehr als seine Talmudschule bewältigt, für ewig verschlossen, so vermochten diese phantastischen Fähigkeiten sich nur als Geheimwissenschaft auszuwirken an jenem Marmortische des Café Gluck. Doch wenn einmal der große Psycholog kommt (dies Werk fehlt noch immer unserer geistigen Welt), der so beharrlich und geduldig, wie Buffon die Abarten der Tiere ordnete und klassierte,

Évidemment, cette mémoire prodigieuse n'avait pu se former et devenir aussi diaboliquement infaillible que grâce au secret éternel de toute perfection : la concentration. En dehors des livres, cet homme étrange ignorait tout du monde. Car les manifestations de la vie ne devenaient concrètes pour lui qu'à partir du moment où elles s'étaient muées en caractères imprimés, et qu'elles étaient rassemblées et comme mises en conserve dans les feuillets d'un livre. Mais ces livres en eux-mêmes, il ne les lisait pas pour leur sens ou pour leur contenu, intellectuel ou anecdotique. Seuls le titre, le nom de l'auteur, celui de l'éditeur, le prix, parlaient à sa passion. La mémoire qui, chez Jakob Mendel, s'était focalisée sur les livres anciens, était parfaitement improductive et passive, elle n'était qu'un répertoire comportant des milliers d'entrées, des titres et des noms, imprimé dans le cortex d'un mammifère au lieu de l'être, comme à l'ordinaire, sur les pages d'un catalogue. Mais, dans sa perfection unique, elle égalait celle de Napoléon pour les physionomies, de Mezzofanti pour les langues, de Lasker pour le jeu d'échecs, de Busoni pour la musique. Intervenant dans un séminaire ou dans un cours public, ce cerveau aurait renseigné et surpris des milliers, des centaines de milliers d'étudiants et de savants, il aurait fécondé la science et, placé dans un de ces trésors publics appelés bibliothèques, il eût rendu des services inappréciables. Mais ce monde supérieur était inaccessible à un pauvre bouquiniste de Galicie, inculte, qui avait tout au plus fréquenté l'école talmudique. Ainsi ces dons fantastiques ne se révélaient qu'en secret devant la table de marbre du café Gluck. Et si un jour un grand psychologue (car cette œuvre manque encore à nos connaissances) essaie de distinguer et de classer – aussi patiemment et obstinément que Buffon le fit pour les animaux –

seinerseits alle Spielarten, Spezien und Urformen der magischen Macht, die wir Gedächtnis nennen, vereinzelt schildert und in ihren Varianten darlegt, dann müßte er Jakob Mendels gedenken, dieses Genies der Preise und Titel, dieses namenlosen Meisters der antiquarischen Wissenschaft.

Dem Berufe nach und für die Unwissenden galt Jakob Mendel freilich nur als kleiner Buchschacherer. Allsonntags erschienen in der „Neuen Freien Presse" und im „Wiener Tagblatt" dieselben stereotypen Anzeigen: „Kaufe alte Bücher, zahle beste Preise, komme sofort, Mendel, obere Alserstraße" und dann eine Telephonnummer, die in Wirklichkeit jene des Café Gluck war. Er stöberte Lager durch, schleppte mit einem alten kaiserbärtigen Dienstmann allwöchentlich neue Beute in sein Hauptquartier und von dort wieder weg, denn für einen rechten Buchhandel bekam er keine Konzession. So blieb es beim kleinen Schacher, bei einer wenig einträglichen Tätigkeit. Studenten verkauften ihm ihre Lehrbücher, durch seine Hände wanderten sie vom älteren Jahrgang immer wieder zum jüngeren, außerdem vermittelte und besorgte er jedes gesuchte Werk mit geringem Zuschlag. Bei ihm war guter Rat billig. Aber das Geld hatte keinen Raum innerhalb seiner Welt, denn nie hatte man ihn anders gesehen als im gleichen abgeschabten Rock, früh, nachmittags und abends seine Milch trinkend und zwei Brote, mittags eine Kleinigkeit essend, die man ihm vom Gasthaus herüberholte. Er rauchte nicht, er spielte nicht, ja, man darf sagen, er lebte nicht, nur die beiden Augen lebten hinter der Brille und fütterten jenes rätselhafte Wesen Gehirn unablässig mit Worten, Titeln und Namen,

les différentes formes, espèces et nuances de la mémoire, il faudra qu'il pense à Jakob Mendel, ce maître de la puissance magique que nous appelons la mémoire, ce génie des prix et des titres, ce prince inconnu de la bibliographie.

De par son métier et aux yeux de ceux qui n'étaient pas des initiés, Jakob Mendel n'était qu'un petit raccailleur de livres. Chaque dimanche, dans la Neue Freie Presse et dans le Neues Wiener Tagblatt paraissait cette annonce stéréotypée : « Achète vieux livres. Bons prix. Enlèvement immédiat à domicile. Mendel, Obere Alserstrasse. » Suivait un numéro de téléphone qui était en réalité celui du café Gluck. Mendel fouillait dans tous les stocks de livres. Chaque semaine, aidé d'un vieux portefaix à la barbe impériale, il rapportait son butin à son quartier général. Puis, il s'en débarrassait, car il n'avait pas de patente. C'est pourquoi il était resté un petit brocanteur, faisant de maigres bénéfices. Les étudiants lui vendaient leurs manuels. Par son entremise, ces livres passaient dans les mains de la promotion suivante ; Mendel se chargeait en outre de leur procurer d'occasion n'importe quel ouvrage, moyennant une modique commission. Auprès de lui on pouvait se renseigner à bon compte. L'argent ne jouait aucun rôle dans sa vie. De fait, on le voyait toujours avec la même veste râpée ; buvant le matin, l'après-midi et le soir une tasse de lait accompagnée de deux petits pains, mangeant à midi une bricole que l'on allait lui chercher au restaurant d'en face. Il ne fumait pas, ne jouait pas ; on peut même dire qu'il ne vivait pas. Seuls ses deux yeux vivaient derrière leurs verres ovales et nourrissaient continuellement de mots, de titres et de noms sa mystérieuse et fertile substance cérébrale.

und diese weiche fruchtbare Masse sog diese Fülle gierig in sich ein wie eine Wiese die tausend und aber tausend Tropfen eines Regens. Die Menschen interessierten ihn nicht und von allen menschlichen Leidenschaften kannte er vielleicht nur die eine, freilich allermenschlichste der Eitelkeit. Wenn jemand zu ihm um eine Auskunft kam, an hundert anderen Stellen schon müdegesucht, und er konnte auf den ersten Hieb ihm Bescheid geben, dies allein wirkte auf ihn als Genugtuung, als Lust, und dies vielleicht noch, daß in Wien und auswärts ein paar Dutzend Menschen lebten, die seine Kenntnisse ehrten und brauchten. In jedem dieser ungefügen Millionenkonglomerate, die wir Stadt nennen, sind immer an einigen wenigen Punkten einige kleine Fazetten eingesprengt, die ein und dasselbe Weltall auf kleinwinziger Fläche spiegeln, unsichtbar für die meisten, kostbar bloß dem Kenner, dem Bruder in der Leidenschaft. Und diese Kenner der Bücher kannten alle Jakob Mendel. So wie man, wenn man über ein Musikblatt Rat holen wollte, zu Eusebius Mandyczewski in die Gesellschaft der Musikfreunde ging, der mit grauem Käppchen freundlich inmitten seiner Akten und Noten saß und mit dem ersten aufschauenden Blick die schwierigsten Probleme lächelnd löste, so wie heute noch jeder, der über Alt-Wiener Theater und Kultur Aufschluß braucht, unfehlbar sich an den allwissenden Vater Glossy wendet, so und mit der gleichen vertrauenden Selbstverständlichkeit pilgerten die paar strenggläubigen Wiener Bibliophilen, sobald es eine besonders harte Nuß zu knacken gab, ins Café Gluck zu Jakob Mendel. Bei einer solchen Konsultation Mendel zuzusehen, bereitete mir jungem neugierigen Menschen eine Wollust besonderer Art.

Et cette masse molle et féconde absorbait avidement cette abondante nourriture, comme une prairie aspire des millions de gouttes de pluie. Les hommes ne l'intéressaient pas, et de toutes les passions humaines, la seule qui lui fût peut-être connue – la plus humaine il est vrai – était la vanité. Quand quelqu'un venait lui demander un renseignement, déjà cherché vainement en cent endroits divers et que du premier coup il pouvait le lui donner, cela lui procurait une profonde satisfaction, comme une grande bouffée d'air ; peut-être aussi était-il fier du fait qu'à Vienne et ailleurs, quelques douzaines de personnes estimaient son savoir et y faisaient appel. Dans chacun de ces grossiers conglomérats de millions d'hommes, que nous appelons villes, il y a toujours, insérées en quelques places, de petites facettes qui reflètent tout un monde sur des surfaces minuscules, invisibles à la plupart, et précieuses pour les seuls connaisseurs, leurs frères de passion. Ainsi les amateurs de livres connaissaient-ils tous Jakob Mendel. De même, pour obtenir un avis sur une partition musicale, on allait voir Eusébius Mandyczewski, à la Gesellschaft der Musikfreunde : assis gentiment, sa petite barrette grise sur la tête et plongé dans ses documents ou dans ses partitions, il résolvait en souriant les problèmes les plus complexes dès qu'il levait les yeux vers vous. Et aujourd'hui encore, quand on veut s'informer sur le théâtre et la culture de la tradition viennoise, on ne manque pas de s'adresser au vieux Glossy qui connaît tout. C'était de façon aussi évidente et avec autant de confiance que les quelques très orthodoxes bibliophiles viennois venaient en pèlerinage au café Gluck trouver Jakob Mendel, lorsqu'un problème leur donnait par trop de fil à retordre. Assister à de pareilles consultations était alors pour moi, étudiant jeune et curieux, une véritable volupté.

Während er sonst, wenn man ihm ein minderes Buch vorlegte, den Deckel verächtlich zuklappte und nur murrte: „Zwei Kronen", rückte er vor irgendeiner Rarität oder einem Unikum respektvoll zurück, legte ein Papierblatt unter, und man sah, daß er sich auf einmal seiner schmutzigen, tintigen, schwarznägeligen Finger schämte. Dann begann er zärtlich, vorsichtig, mit einer ungeheuren Hochachtung das Rarum anzublättern, Seite für Seite. Niemand konnte ihn in einer solchen Sekunde stören, so wenig wie einen wirklich Gläubigen im Gebet, und tatsächlich hatte dies Anschauen, Berühren, Beriechen und Abwägen, hatte jede dieser Einzelhandlungen etwas von dem Zeremoniell, von der kultisch geregelten Aufeinanderfolge eines religiösen Aktes. Der krumme Rücken schob sich hin und her, dabei murrte und knurrte er, kratzte sich im Haar, stieß merkwürdige vokalische Urlaute aus, ein gedehntes, fast erschrockenes „Ah" und „Oh" hingerissener Bewunderung und dann wieder ein rapid erschrecktes „Oi" oder „Oiweh", wenn sich eine Seite als fehlend oder ein Blatt als vom Holzwurm zerfressen erwies. Schließlich wog er es respektvoll auf der Hand, beschnüffelte und beroch das ungefüge Quadrat mit halbgeschlossenen Augen, nicht minder ergriffen als ein sentimentalisches Mädchen eine Tuberose. Während dieser etwas umständlichen Prozedur mußte selbstredend der Besitzer seine Geduld zusammenhalten. Nach beendetem Examen aber gab Mendel bereitwillig, ja geradezu begeistert, jede Auskunft, an die sich unfehlbar weitspurige Anekdoten und dramatische Preisberichte von ähnlichen Exemplaren anschlossen. Er schien heller, jünger, lebendiger zu werden in solchen Sekunden, und nur eines konnte ihn maßlos erbittern, wenn etwa ein Neuling ihm für diese Schätzung Geld anbieten wollte.

Quand on présentait à Mendel un livre de médiocre importance, il le fermait avec bruit en grommelant sur un ton de mépris : « Deux couronnes. » En revanche, devant un exemplaire unique ou rare, il reculait respectueusement et le posait avec précaution sur une feuille blanche. Il avait visiblement honte de ses doigts sales aux ongles noirs, tachés d'encre. Puis il feuilletait avec délicatesse et prudence le précieux volume, page par page, rempli d'une véritable dévotion. Personne ne pouvait le déranger en cet instant, pas plus qu'on ne dérange un vrai croyant plongé dans la prière ; et en effet cette manière de contempler, de toucher, de sentir et de soupeser l'objet ressemblait par tous ses gestes aux rites sacrés et immuables d'une cérémonie religieuse. Son dos voûté se balançait tandis qu'il émettait un grognement sourd, se grattait la tête et poussait d'étranges cris archaïques, tantôt un ah ! prolongé presque effrayé, tantôt un oh ! d'admiration passionnée, tantôt un oi ! ou un oiweh ! rapide et apeuré, quand une page manquait ou qu'il découvrait une feuille rongée par les vers. Finalement, il soupesait avec vénération sa reliure de cuir, il la reniflait, les yeux mi-clos, et respirait l'odeur du vieil in-quarto, heureux comme une jeune fille sentimentale admirant une tubéreuse. Pendant cette procédure un peu lente et compliquée, le propriétaire devait évidemment prendre patience. Mais après cet examen, Mendel donnait tous les renseignements avec la meilleure grâce, voire avec enthousiasme ; il ne manquait pas d'y joindre de piquantes anecdotes et des récits hauts en couleur à propos de la cote atteinte par des exemplaires analogues. À ces moments-là, il semblait rajeuni, ragaillardi. Une seule chose pouvait le mettre dans tous ses états : le bon mouvement de quelque novice lui offrant une récompense pour son expertise.

Dann wich er gekränkt zurück wie etwa ein Galeriehofrat, dem ein durchreisender Amerikaner für seine Erklärung ein Trinkgeld in die Hand drücken will, denn ein kostbares Buch in der Hand haben zu dürfen bedeutete für Mendel, was für einen andern die Begegnung mit einer Frau. Diese Augenblicke waren seine platonischen Liebesnächte. Nur das Buch, niemals Geld, hatte über ihn Macht. Vergebens versuchten darum große Sammler, darunter auch der Gründer der Universität in Princeton, ihn für ihre Bibliothek als Berater und Einkäufer zu gewinnen, Jakob Mendel lehnte ab; er war nicht anders zu denken als im Café Gluck. Vor dreiunddreißig Jahren, mit noch weichem, schwarzflaumigem Bart und geringelten Stirnlocken, war er, ein kleines schiefes Jüngel, aus dem Osten nach Wien gekommen, um Rabbinat zu studieren, aber bald hatte er den harten Eingott Jehovah verlassen, um sich der funkelnden und tausendfältigen Vielgötterei der Bücher zu ergeben. Damals hatte er zuerst ins Café Gluck gefunden und allmählich wurde es seine Werkstatt, sein Hauptquartier, sein Postamt, seine Welt. Wie ein Astronom einsam auf seiner Sternwarte durch den winzigen Rundspalt des Teleskops allnächtlich die Myriaden Sterne betrachtet, ihre geheimnisvollen Gänge, ihr wandelndes Durcheinander, ihr Verlöschen und Sichwiederentzünden, so blickte Jakob Mendel durch seine Brille von diesem viereckigen Tisch im Café Gluck in das andere Universum der Bücher, das gleichfalls ewig kreisende und sich umgebärende, in diese Welt über unserer Welt.

Selbstverständlich war er hoch angesehen im Café Gluck, dessen Ruhm sich für uns mehr an sein unsichtbares Katheder knüpfte als an die Patenschaft des hohen Musikers, des Schöpfers der „Alceste" und der „Iphigenie", Christian Gottfried Gluck.

Il reculait alors, froissé, comme un conservateur de musée à qui un Américain de passage essaie de glisser un pourboire. Car feuilleter un ouvrage rare signifiait autant pour Mendel que pour d'autres une rencontre galante. Ces instants étaient ses nuits d'amour platonique. Seuls les livres avaient un empire sur lui, jamais l'argent. En vain de grands collectionneurs, et parmi eux le fondateur de l'Université de Princeton, essayèrent-ils de se l'adjoindre comme conseiller ou acquéreur, Jakob Mendel refusa toujours. On ne pouvait l'imaginer nulle part ailleurs qu'au café Gluck. Petit, chétif, un léger duvet au menton, les cheveux en tire-bouchon sur le front, il avait quitté sa province de l'Est voici trente-trois ans pour venir étudier à Vienne en vue de devenir rabbin. Mais, bien vite, il s'était détourné de Jéhovah, le terrible Dieu unique, pour se vouer au polythéisme séduisant des livres. Il s'était installé alors au café Gluck qui devint, petit à petit, son bureau de poste, son quartier général, son univers. Comme l'astronome solitaire contemple dans son observatoire, par le minuscule orifice du télescope, des myriades d'étoiles, étudie chaque nuit leurs déplacements mystérieux, les variations de leurs positions respectives, leur éclat tantôt croissant, tantôt pâlissant, ainsi Jakob Mendel assis à sa table carrée du café Gluck scrutait à l'aide de ses lunettes un autre univers mouvant et changeant, un monde supérieur au nôtre, le monde des livres.

Il jouissait bien sûr d'une grande estime au café Gluck, dont la réputation tenait beaucoup plus à la chaire invisible du petit bouquiniste qu'au fait de porter le nom du génial compositeur Christoph Willibald Gluck, créateur d'*Alceste* et d'*Iphigénie*.

Er gehörte dort ebenso zum Inventar wie die alte Kirschholzkasse, wie die beiden arg geflickten Billards, der kupferne Kaffeekessel, und sein Tisch wurde gehütet wie ein Heiligtum. Denn seine zahlreichen Kundschaften und Auskundschafter wurden von dem Personal immer freundlich zu irgendeiner Bestellung gedrängt, so daß der größere Gewinnteil seiner Wissenschaft eigentlich dem Oberkellner Deubler in die breite, hüftwärts getragene Ledertasche floß. Dafür genoß Buchmendel vielfache Privilegien. Das Telephon stand ihm frei, man hob ihm seine Briefe auf und besorgte alle Bestellungen, die alte, brave Toilettenfrau bürstete ihm den Mantel, nähte Knöpfe an und trug ihm jede Woche ein kleines Bündel zur Wäsche. Ihm allein durfte aus dem nachbarlichen Gasthaus eine Mittagsmahlzeit geholt werden und jeden Morgen kam der Herr Standhartner, der Besitzer, in persona an seinen Tisch und begrüßte ihn (freilich meist, ohne daß Jakob Mendel, in seine Bücher vertieft, diesen Gruß merkte). Punkt halb acht Uhr morgens trat er ein und erst wenn man die Lichter ablöschte, verließ er das Lokal. Zu den anderen Gästen sprach er nie, er las keine Zeitung, bemerkte keine Veränderung, und als der Herr Standhartner ihn einmal höflich fragte, ob er bei dem elektrischen Licht nicht besser lese als früher bei dem fahlen, zuckenden Schein der Auerlampen, starrte er verwundert zu den Glühbirnen auf: diese Veränderung war trotz des Lärms und Gehämmers einer mehrtägigen Installation vollkommen an ihm vorbeigegangen. Nur durch die zwei runden Löcher der Brille, durch diese beiden blitzenden und saugenden Linsen, filterten sich die Milliarden schwarzen Infusorien der Lettern in sein Gehirn, alles andere Geschehen strömte als leerer Lärm an ihm vorbei.

Mendel faisait partie des meubles au même titre que le vieux comptoir en merisier, les deux billards très rapiécés et le percolateur en cuivre. Et sa table était surveillée comme un sanctuaire. En effet, ses nombreux clients et ses agents de liaison étaient chaque fois aimablement invités par le personnel à prendre une consommation, de sorte que le principal bénéfice de son travail passait en réalité dans la large bourse en cuir du garçon-chef Deubler. En échange, le bouquiniste Mendel jouissait de nombreux privilèges. Il disposait gratuitement du téléphone, on lui gardait son courrier et on se chargeait de faire ses commissions ; la brave vieille des lavabos brossait son manteau, recousait ses boutons et portait chaque semaine son petit paquet de linge à la blanchisseuse. Il était le seul à avoir le droit de faire venir son repas de midi du restaurant voisin ; et chaque semaine, M. Standhartner, le propriétaire, venait en personne à sa table lui souhaiter le bonjour. (Il est vrai que Mendel, plongé dans ses livres, ne répondait que rarement.) À sept heures et demie précises, il entrait le matin au café et ne le quittait que le soir, quand on éteignait les lumières. Jamais il ne parlait aux autres clients ; il ne lisait aucun journal, ne remarquait aucune transformation autour de lui ; et lorsqu'un jour, M. Standhartner lui demanda poliment s'il ne lisait pas mieux, maintenant que des lampes électriques avaient remplacé les becs Auer aux lueurs vacillantes, il leva la tête tout surpris vers les ampoules : malgré le vacarme et les coups de marteau d'une installation qui avait duré plusieurs jours, il ne s'était aperçu de rien. C'est seulement par les deux cercles de ses lunettes, à travers ces lentilles luisantes et absorbantes, que les milliards d'infusoires noirs des caractères d'imprimerie s'infiltraient dans son cerveau ; tout le reste ne faisait que passer à côté de lui, comme un vacarme contingent.

Eigentlich hatte er mehr als dreißig Jahre, also den ganzen wachen Teil seines Lebens, einzig hier an diesem viereckigen Tisch lesend, vergleichend, kalkulierend verbracht, in einem unablässig fortgesetzten, nur von Schlaf unterbrochenen Dauertraum.

Deshalb überkam mich eine Art Schrecken, als ich den orakelspendenden Marmortisch Jakob Mendels leer wie eine Grabplatte in diesem Raum dämmern sah. Jetzt erst, älter geworden, verstand ich, wieviel mit jedem solchen Menschen verschwindet, erstlich, weil alles Einmalige von Tag zu Tag kostbarer wird in unserer rettungslos einförmiger werdenden Welt. Und dann, der junge, unerfahrene Mensch in mir hatte aus einer tiefen Ahnung diesen Jakob Mendel sehr lieb gehabt. In ihm war ich zum erstenmal dem großen Geheimnis nahegekommen, daß alles Besondere und Uebermächtige in unserem Dasein nur geleistet wird durch innere Zusammenfassung, durch eine erhabene und dem Wahnsinn heilig verwandte Monomanie. Daß ein reines Leben im Geist, die völlige Abstraktion in einer einzigen Idee, auch heute noch sich ereignen könne, eine Versenkung nicht geringer als die eines indischen Jogy oder eines mittelalterlichen Mönchs in seiner Zelle, und zwar sich ereignen in einem elektrisch beleuchteten Café neben einer Telephonzelle, dieses Beispiel hatte ich junger Mensch viel mehr als von unseren mitlebenden Dichtern, von diesem vollkommen anonymen kleinen Buchtrödler einmal empfangen. Und doch, ich hatte ihn vergessen können – allerdings in den Jahren des Krieges und in einer der seinen ähnlichen Hingabe an das eigene Werk. Jetzt aber, vor diesem leeren Tische, fühlte ich eine Art Scham vor ihm und eine erneuerte Neugier zugleich.

De fait il avait vécu plus de trente ans ici, à cette table, uniquement à lire, à comparer, à calculer sans trêve, comme dans un rêve toujours recommencé et sans autre interruption que le sommeil.

C'est pourquoi je sentis une sorte d'effroi me parcourir quand je vis luire dans la pénombre, et nue comme une pierre tombale, la table en marbre d'où Jakob Mendel dispensait ses oracles. Maintenant seulement, étant plus âgé, je compris ce que signifiait la disparition d'un tel homme. D'abord parce que les phénomènes de ce genre se font de jour en jour plus rares dans notre monde irrémédiablement de plus en plus standardisé. Ensuite parce que, tout jeune homme, je m'étais avec une intuition profonde pris d'une grande affection pour ce Jakob Mendel. Grâce à lui, je m'étais approché pour la première fois d'un grand mystère : dans la vie, toutes nos créations originales et puissantes sont le fruit d'une concentration, d'une monomanie sublime qu'un lien sacré rattache à la folie. Mieux que nos poètes contemporains, ce petit bouquiniste tout à fait inconnu avait prouvé par son exemple au jeune homme que j'étais, qu'une pure vie spirituelle, le culte d'une seule idée, une contemplation aussi profonde que celle d'un yogi hindou ou d'un moine du Moyen Âge dans sa cellule, pouvaient encore se réaliser de nos jours, même à côté d'une cabine téléphonique et sous les lampes électriques d'un café. Et pourtant, cet homme, j'avais pu l'oublier ! Il est vrai que la guerre était venue et que je m'étais consacré à mes propres œuvres avec une ardeur semblable à la sienne. Mais j'éprouvais devant cette table vide une sorte de honte à son égard, doublée d'une vive curiosité.

Denn wo war er hin, was war mit ihm geschehen? Ich rief den Kellner und fragte. Nein, einen Herrn Mendel, bedaure, den kenne er nicht, ein Herr dieses Namens verkehre nicht im Café. Aber vielleicht wisse der Oberkellner Bescheid. Dieser schob seinen Spitzbauch schwerfällig heran, zögerte, dachte nach: Nein, auch ihm sei ein Herr Mendel nicht bekannt. Aber ob ich vielleicht den Herrn Mandl meine, den Herrn Mandl vom Kurzwarengeschäft in der Florianigasse? Ein bitterer Geschmack kam mir auf die Lippen, Geschmack von Vergänglichkeit: wozu lebt man, wenn der Wind hinter unserm Schuh schon die letzte Spur von uns wegträgt? Dreißig Jahre, vierzig vielleicht, hatte ein Mensch in diesen paar Quadratmetern Raum geatmet, gelesen, gedacht, gesprochen, und bloß drei Jahre, vier Jahre mußten hingehen, ein neuer Pharao kommen, und man wußte nichts mehr von Josef, man wußte im Café Gluck nichts mehr von Jakob Mendel, dem Buchmendel! Beinahe zornig fragte ich den Oberkellner, ob ich nicht Herrn Standhartner sprechen könne oder ob nicht sonst wer im Hause sei vom alten Personal? Oh, der Herr Standhartner, o mein Gott, der habe längst das Café verkauft, der sei gestorben, und der alte Oberkellner, der lebe jetzt auf seinem Gütel bei Krems. Nein, niemand sei mehr da … oder doch! Ja doch – die Frau Sporschil sei noch da, die Toilettenfrau. Aber die könne gewiß sich nicht mehr an die einzelnen Gäste erinnern. Ich dachte gleich: einen Jakob Mendel vergißt man nicht, und ließ sie mir kommen.

Sie kam, die Frau Sporschil, weißhaarig, zerrauft, mit ein wenig wassersüchtigen Schritten aus ihren hintergründigen Gemächern und rieb sich noch hastig die roten Hände mit einem Tuch:

Qu'était-il devenu, en effet ? Où pouvait-il se trouver ? J'appelai le garçon et l'interrogeai. Non, il regrettait, il ne connaissait pas de M. Mendel, personne de ce nom ne fréquentait le café. Mais peut-être le garçon-chef le saurait-il. Avançant le ventre et faisant l'important, celui-ci hésita, réfléchit : non, lui non plus ne connaissait pas de M. Mendel, mais est-ce que je ne voulais pas parler, par hasard, de M. Mandel, celui qui tenait une mercerie dans la Florianigasse ? Un goût amer me vint sur les lèvres, le goût de la vanité des choses humaines. À quoi bon vivre, si le vent emporte derrière nos talons la dernière trace de notre passage ? Pendant plus de trente ans, quarante peut-être, un homme avait respiré, lu, pensé, parlé dans ces quelques mètres carrés, puis il avait suffi de trois ou quatre ans, que vienne un nouveau pharaon, pour qu'on ne se souvînt plus de Joseph. On ignorait au café Gluck jusqu'au nom de Jakob Mendel, du bouquiniste Mendel ! Presque en colère, je demandai au garçon-chef si je pouvais parler à M. Standhartner, ou s'il y avait encore quelqu'un de l'ancien personnel dans la maison. Oh ! M. Standhartner… Mon Dieu… il avait vendu le café depuis longtemps, et il était mort. Quant à l'ancien garçon-chef, il s'était retiré dans une petite propriété près de Krems. Non, il n'y avait plus personne à qui je pusse m'adresser ! Pourtant, si… Mme Sporschil était encore là, la femme des lavabos… Mme Chocolat comme on disait vulgairement. Mais elle ne se souvenait certainement pas de tous les anciens clients. Je me dis aussitôt qu'on n'oublie pas un Jakob Mendel, et je la fis venir.

Les cheveux blancs ébouriffés, frottant encore ses mains rouges et humides dans un chiffon, Mme Sporschil manifestement hydropique sortit avec difficulté de son appartement souterrain.

offenbar hatte sie gerade ihr trübes Gelaß gefegt oder Fenster geputzt. An ihrer unsicheren Art merkte ich sofort: ihr war's unbehaglich, so plötzlich nach vorn unter die großen Glühbirnen in den noblen Teil des Cafés gerufen zu werden – das Volk in Wien wittert ja sofort Detektiv und Polizei, wenn einer sie ausfragen will. So sah sie mich zunächst mißtrauisch an, mit einem Blick von unten herauf, einem sehr vorsichtig geduckten Blick. Was konnte ich Gutes von ihr wollen? Aber kaum daß ich nach Jakob Mendel fragte, sah sie mich mit vollen, geradezu strömenden Augen an, die Schultern fuhren ihr ruckhaft auf. „Mein Gott, der arme Herr Mendel, daß an den noch jemand denkt! Ja, der arme Herr Mendel" – fast weinte sie, so war sie gerührt, wie alte Leute es immer werden, wenn man sie an ihre Jugend, an irgendeine gute vergessene Gemeinsamkeit erinnert. Ich fragte, ob er noch lebe. „O mein Gott, der arme Herr Mendel, fünf oder sechs Jahre, nein, sieben Jahre muß der schon tot sein. So ein lieber, guter Mensch, und wenn ich denk', wie lang ich ihn gekannt hab', mehr als fünfundzwanzig Jahr, er war schon da, wie ich eintreten bin. Und eine Schand war's, wie man ihn hat sterben lassen." Sie wurde immer aufgeregter, fragte, ob ich ein Verwandter sei. Es hätte sich ja nie jemand um ihn gekümmert, nie jemand nach ihm erkundigt – und ob ich denn nicht wisse, was mit ihm passiert sei?

Nein, ich wüßte nichts, versicherte ich, sie solle mir erzählen, alles erzählen. Die gute Person sah scheu und geniert und wischte immer wieder an ihren nassen Händen. Ich begriff: ihr war es peinlich, als Toilettefrau mit ihrer schmutzigen Schürze und ihren zerstrubelten weißen Haaren hier mitten im Kaffeehausraum zu stehen, außerdem blickte sie immer ängstlich nach rechts und links, ob nicht einer der Kellner zuhöre. So schlug ich ihr vor, wir sollten hinein in

Sans doute venait-elle de lessiver son antre sombre ou de nettoyer les fenêtres. À son air peu assuré, je vis aussitôt qu'elle se sentait mal à l'aise d'avoir été convoquée dans la partie noble du café. Les gens du peuple à Vienne pensent tout de suite à la police secrète, dès que quelqu'un veut les interroger. Aussi me regarda-t-elle d'abord avec méfiance de bas en haut, d'un œil prudent et sournois. Elle ne s'attendait à rien de bon. Mais à peine m'étais-je informé de Jakob Mendel, qu'elle se redressa d'un coup brusque et me jeta un regard illuminé, pour ainsi dire rayonnant. « Mon Dieu ! le pauvre M. Mendel ! Dire que quelqu'un pense encore à lui ! Oui, ce pauvre M. Mendel ! » Elle pleurait presque d'émotion, à la manière des vieilles personnes, quand on leur rappelle leur jeunesse et tout le bon temps qu'elles ont eu. Je lui demandai s'il était encore en vie. « Mon Dieu, le pauvre M. Mendel ! Ça doit bien faire cinq ou six ans qu'il est mort, ou plutôt sept ! Et une si bonne pâte ! Quand je pense que je l'ai connu pendant si longtemps – plus de vingt-cinq ans – il était déjà là quand je suis entrée dans la maison. C'est une honte comme on l'a laissé mourir. » Elle s'animait toujours plus et me demanda si j'étais un de ses parents. Car personne ne s'était jamais inquiété de lui, personne n'avait jamais rien demandé – d'ailleurs, est-ce que je ne savais pas ce qui lui était arrivé ?

Non, je ne savais rien ; je le lui assurai et la priai de bien tout me raconter. La bonne femme, timide et gênée, continuait à essuyer ses mains humides de temps en temps. Je compris qu'il lui était pénible de rester là, debout au milieu du café, avec son tablier sale et ses cheveux ébouriffés ; d'ailleurs elle se retournait de temps en temps à droite ou à gauche, l'air inquiet, pour voir si l'un des garçons ne l'écoutait pas. Je lui proposai donc d'aller avec elle dans

das Spielzimmer, an Mendels alten Platz: dort solle sie mir alles belichten. Gerührt nickte sie mir zu, dankbar, daß ich sie verstand, und ging voraus, die alte, schon ein wenig schwankende Frau, und ich hinter ihr. Die beiden Kellner staunten uns nach, sie spürten da einen Zusammenhang, und auch einige Gäste verwunderten sich über uns ungleiches Paar. Und drüben an seinem Tisch erzählte sie mir (manche Einzelheit ergänzte mir später anderer Bericht) von Jakob Mendels, von Buchmendels Untergang.

„Ja also, er sei, so erzählte sie, auch nachher noch, wie der Krieg schon begonnen, immer noch gekommen, Tag um Tag, um halb 8 Uhr früh und genau so sei er gesessen und habe er den ganzen Tag studiert wie immer, ja, sie hätten alle das Gefühl gehabt und oft darüber geredet, ihm sei's gar nicht zum Bewußtsein gekommen, daß Krieg sei. Ich wisse doch, in eine Zeitung habe er nie geschaut und nie mit wem andern gesprochen; aber auch wenn die Ausrufer ihren Mordslärm mit den Extrablättern machten und alle andern zusammenliefen, nie sei er da aufgestanden oder hätte zugehört. Er habe auch gar nicht gemerkt, daß der Franz fehle, der Markör (der bei Gorlice gefallen sei), und nicht gewußt, daß sie den Sohn vom Herrn Standhartner bei Przemysl gefangen hatten, und nie kein Wort habe er gesagt, wie das Brot immer miserabler geworden ist und man ihm statt der Milch das elende Feigenkaffeegschlader hat geben müssen. Nur einmal habe er sich gewundert, daß jetzt so wenig Studenten kämen, das war alles. – Mein Gott, der arme Mensch, den hat doch nichts gefreut und gekümmert als seine Bücher."

la salle de jeu, à la place qu'occupait autrefois Mendel. Elle me raconterait tout là-bas. Elle accepta, reconnaissante, touchée de ma compréhension, et me précéda ; je suivis cette vieille femme, au pas déjà un peu chancelant. Les deux garçons surpris, devinant entre nous quelque complicité, nous suivirent du regard, quelques clients s'étonnèrent aussi à la vue d'un couple aussi mal assorti. Et lorsque nous fûmes assis à la table, elle me raconta (et plus tard d'autres renseignements vinrent compléter son récit) la triste fin de Jakob Mendel, le bouquiniste :

« Eh bien voilà, me dit-elle, au début de la guerre, et même par la suite, il venait encore tous les jours, à sept heures et demie du matin, il prenait place exactement ici, à cette table, et se plongeait comme d'habitude dans ses études pendant toute la journée. Et on avait tous l'impression, on se le disait souvent entre nous d'ailleurs, qu'il ne s'était absolument pas rendu compte que c'était la guerre. Je le savais bien, n'est-ce pas, que jamais il ne consultait un journal, et qu'il ne parlait à personne. Et même quand les vendeurs faisaient un boucan terrible en criant leurs éditions spéciales et que tous les autres se précipitaient, lui ne se levait pas, il n'y faisait pas attention. Il n'avait pas remarqué non plus que Franz, le marqueur, n'était plus là (il était tombé près de Gorlice), il ne savait pas que le fils de M. Standhartner avait été fait prisonnier à Przemysl. Jamais il ne fit la moindre réclamation quand le pain était devenu de plus en plus mauvais et qu'on avait dû lui servir un affreux breuvage de figues au lieu de son lait. Une seule fois, il avait exprimé son étonnement de voir venir si peu d'étudiants ; c'était tout. Mon Dieu ! le pauvre homme, rien d'autre ne lui faisait plaisir ou ne le souciait que ses livres.

Aber dann eines Tags, da sei das Unglück geschehen. Um 11 Uhr vormittags am hellichten Tag sei ein Wachmann gekommen mit einem Geheimpolizisten, der hätte die Rosette gezeigt im Knopfloch und gefragt, ob hier ein Jakob Mendel verkehre. Dann wären sie gleich an den Tisch gegangen zum Mendel, und der hätte ahnungslos noch geglaubt, sie wollten ihm Bücher verkaufen oder was fragen. Aber gleich hätten sie ihn aufgefordert, mitzukommen und ihn weggeführt. Eine rechte Schande sei es für das Kaffeehaus gewesen, alle Leute hätten sich herumgestellt um den armen Herrn Mendel, wie er dagestanden ist zwischen den beiden, die Brille unterm Haar, und hin- und hergeschaut hat von einem zum andern und nicht recht gewußt, was sie eigentlich von ihm wollten. Sie aber habe stante pede dem Gendarmen gesagt, das müsse ein Irrtum sein, ein Mann wie Herr Mendel könne keiner Fliege was tun, aber da habe der Geheimpolizist sie gleich angeschrien, sie solle sich nicht in Amtshandlungen einmischen. Und dann hätten sie ihn weggeführt und er sei lange nicht mehr gekommen, zwei Jahre lang. Noch heute wisse sie nicht recht, was die damals von ihm gewollt hätten:

„Aber ich leiste ein Jurament", sagte sie erregt, die alte Frau, „der Herr Mendel kann nichts Unrechtes getan haben. Die haben sich geirrt, da leg ich meine Hand ins Feuer. Es war ein Verbrechen an dem armen, unschuldigen Menschen, ein Verbrechen."

Und sie hatte recht, die gute, rührende Frau Sporschil, unser Freund Jakob Mendel hatte wahrhaftig nichts Unrechtes begangen, sondern nur (erst später erfuhr ich alle Einzelheiten) eine rasende, eine rührende, eine selbst in jenen irrwitzigen Zeiten ganz unwahrscheinliche Dummheit, erklärbar nur aus der vollkommenen Versunkenheit, aus

Mais voilà qu'un jour le malheur était arrivé. À onze heures du matin, en plein jour, un gendarme et un agent de la Secrète qui avait montré l'insigne à son revers, entrèrent et demandèrent si un certain Jakob Mendel fréquentait ici. On les avait conduits à la table du bouquiniste ; et lui avait cru naïvement qu'ils voulaient lui vendre des livres ou lui demander un renseignement. Mais ils l'avaient aussitôt sommé de se lever et de les suivre. Ç'avait été une honte pour le café : tous les clients avaient fait cercle autour du pauvre M. Mendel. Debout là, entre les deux types, ses lunettes sur le front, il avait regardé tantôt l'un, tantôt l'autre, sans bien savoir ce qu'on lui voulait. Quant à elle, elle avait illico dit au gendarme qu'il se trompait certainement, qu'un brave homme comme M. Mendel ne pouvait rien avoir fait de mal, même à une mouche. Mais l'agent de la Secrète lui avait tout de suite crié qu'elle n'avait pas à se mêler des affaires administratives. Puis, ils l'avaient emmené. Et pendant longtemps il n'était pas revenu, environ deux ans. Encore à l'heure qu'il était, elle ne savait pas, au fond, ce qu'on avait eu à lui reprocher.

« Mais je le jure, dit la bonne vieille qui s'échauffait, M. Mendel ne peut avoir rien fait de mal. Les agents se sont trompés, j'en mettrais la main au feu. Ils ont commis un crime en arrêtant un innocent, un crime ! »

Elle avait raison, la brave femme Sporschil. Notre ami Jakob Mendel, en vérité, n'avait commis aucun crime, mais seulement (je n'en sus le détail que plus tard) une bêtise inconcevable, touchante, invraisemblable, à cette époque délirante, une bêtise qui ne s'expliquait que par sa façon inouïe de vivre sur une autre planète,

der Mondfernheit seiner einmaligen Erscheinung. Folgendes hatte sich ereignet: auf dem militärischen Zensuramt, das verpflichtet war, jede Korrespondenz mit dem Ausland zu überwachen, war eines Tages eine Postkarte abgefangen worden, geschrieben und unterschrieben von einem gewissen Jakob Mendel, ordnungsgemäß nach dem Ausland frankiert, aber – unglaublicher Fall – in das feindliche Ausland gerichtet, eine Postkarte an Jean Labourdaire, Buchhändler, Paris, Quai de Grenelle adressiert, in der ein gewisser Jakob Mendel sich beschwerte, die letzten acht Nummern des monatlichen „Bulletin Bibliographique de la France" trotz vorausbezahlten Jahresabonnements nicht erhalten zu haben. Der eingestellte untere Zensurbeamte, ein Gymnasialprofessor, in Privatneigung Romanist, dem man einen blauen Landsturmrock umgestülpt hatte, staunte, als ihm dieses Schriftstück in die Hände kam. Ein dummer Spaß, dachte er. Unter den zweitausend Briefen, die er allwöchentlich auf dubiose Mitteilungen und spionageverdächtige Wendungen durchstöberte und durchleuchtete, war ihm ein so absurdes Faktum noch nie unter die Finger gekommen, daß jemand aus Oesterreich einen Brief nach Frankreich ganz sorglos adressierte, also ganz gemütlich eine Karte in das kriegführende Ausland so einfach in den Postkasten warf, als ob diese Grenzen seit 1914 nicht umnäht wären mit Stacheldraht und an jedem von Gott geschaffenen Tage Frankreich, Deutschland, Oesterreich und Rußland ihre männliche Einwohnerzahl gegenseitig um ein paar tausend Menschen kürzten. Zunächst legte er deshalb die Postkarte als Kuriosum in seine Schreibtischlade, ohne von dieser Absurdität weitere Meldung zu erstatten.

en ignorant tout le reste. Voici ce qui lui était arrivé : au bureau militaire de la censure, chargé de surveiller la correspondance avec les pays neutres, on avait intercepté un jour une carte postale écrite, signée et convenablement affranchie pour l'étranger, par un certain Jakob Mendel. Mais, chose incroyable, elle était adressée en pays ennemi, à Jean Labourdaire, libraire à Paris, quai de Grenelle. Le Jakob Mendel en question s'y plaignait de ne pas avoir reçu les huit derniers numéros mensuels du Bulletin bibliographique de France, bien qu'il eût payé l'abonnement d'avance pour une année. L'agent subalterne de la censure, un professeur de lycée dont la spécialité était les études romanes et qu'on avait affublé de l'uniforme bleu des réservistes, n'en crut pas ses yeux en parcourant ce document. C'est une bonne plaisanterie, se dit-il. Toutes les semaines, il lisait environ deux mille lettres pour y dépister quelque communication louche ou quelque trace d'espionnage ; mais jamais un fait aussi absurde ne lui était tombé entre les mains : une personne envoyait tout bonnement un mot d'Autriche en France, jetait tranquillement dans la boîte aux lettres une carte postale à destination d'un pays ennemi, comme si les frontières depuis 1914 n'étaient pas toutes cousues de fils de fer barbelés et comme si chaque jour, la France, l'Allemagne, l'Autriche et la Russie ne se supprimaient pas mutuellement quelques milliers d'hommes ! C'est pourquoi il mit d'abord cette carte dans un tiroir, comme une curiosité, sans en faire aucune mention.

Aber nach einigen Wochen kam abermals eine Karte desselben Jakob Mendel an einen Bookseller John Aldridge, London, Holborn Square, ob er ihm nicht die letzten Nummern des „Antiquarian" besorgen könnte, und abermals war sie unterfertigt von ebendemselben merkwürdigen Individuum Jakob Mendel, das mit rührender Naivität seine volle Adresse beischrieb. Nun wurde es dem in die Uniform eingenähten Gymnasialprofessor doch ein wenig eng unter dem Rock. Steckte am Ende irgendein rätselhafter chiffrierter Sinn hinter diesem vertölpelten Spaß? Jedenfalls, er stand auf, klappte die Hacken zusammen und legte dem Major die beiden Karten auf den Tisch. Der zog beide Schultern hoch! sonderbarer Fall! Zunächst avisierte er die Polizei, sie solle ausforschen, ob es diesen Jakob Mendel tatsächlich gäbe. Und eine Stunde später war Jakob Mendel bereits dingfest gemacht und wurde, noch ganz taumelig von der Ueberraschung, vor den Major geführt. Der legte ihm die mysteriösen Postkarten vor, ob er sich als Absender erkenne. Erregt durch den strengen Ton und vor allem, weil man ihn bei der Lektüre eines wichtigen Katalogs aufgestöbert hatte, polterte Mendel beinahe grob, natürlich habe er diese Karten geschrieben. Man habe wohl noch das Recht, ein Abonnement für sein gezahltes Geld zu reklamieren. Der Major drehte sich im Sessel schief hinüber zu dem Leutnant am Nebentisch. Die beiden blinzelten sich einverständlich an: ein gebrannter Narr! Dann überlegte der Major, ob er den Einfaltspinsel nur scharf anbrummen und fortjagen sollte oder den Fall ernst aufziehen. In solchen unschlüssigen Verlegenheiten entschließt man sich bei jedem Amt fast immer, zunächst ein Protokoll aufzunehmen. Ein Protokoll ist immer gut. Nützt es nichts, so schadet es nichts, und nur ein sinnloser Papierbogen mehr unter Millionen ist vollgeschrieben.

Mais quelques semaines plus tard, une nouvelle carte arriva, adressée cette fois au bookseller John Aldridge, London, Holborn Square, et de nouveau écrite par ce même étrange individu du nom de Jakob Mendel, qui l'avait signée en toutes lettres et qui demandait qu'on lui envoyât les derniers numéros de l'Antiquarian. Le professeur commençait à se sentir un peu à l'étroit dans son uniforme : y aurait-il là en fin de compte un message chiffré, derrière cette plaisanterie grossière ? Il se leva, claqua des talons devant son commandant et mit les deux cartes devant lui sur le bureau. Celui-ci rentra la tête dans les épaules et murmura : curieux, très curieux ! Il ordonna d'abord à la police de faire des recherches pour établir si ce Jakob Mendel existait réellement. Une heure après, Mendel était arrêté et amené titubant de surprise devant le commandant. L'officier lui montra les mystérieuses cartes et lui demanda s'il reconnaissait les avoir expédiées. Irrité par ce ton sévère, et surtout fâché d'avoir été dérangé pendant qu'il lisait un important catalogue, Mendel répondit sur un ton presque grossier que bien sûr il avait écrit ces cartes… on avait quand même le droit de réclamer un abonnement qu'on avait payé. Le commandant se tourna vers le sous-lieutenant assis à la table voisine. Ils échangèrent un regard entendu : cet individu était piqué ! Le commandant se demanda un instant s'il allait tout simplement admonester et renvoyer ce pauvre type, ou s'il devait prendre le cas au sérieux. Quand un fonctionnaire ne sait quelle décision prendre, il dresse presque toujours d'abord un procès-verbal. Un rapport est toujours une bonne chose. S'il ne sert à rien, il ne cause en tout cas aucun tort ; c'est un chiffon de papier couvert de mots, qui vient s'ajouter à des millions d'autres.

In diesem Falle aber schadete es leider einem armen, ahnungslosen Menschen, denn schon bei der dritten Frage kam etwas sehr Verhängnisvolles zutage. Man forderte zuerst seinen Namen: Jakob recte Jainkeff Mendel. Beruf: Hausierer (er besaß nämlich keine Buchhändlerlizenz, nur einen Hausierschein). Die dritte Frage wurde zur Katastrophe: der Geburtsort. Jakob Mendel nannte einen kleinen Ort bei Petrikau. Der Major zog die Brauen hoch. Petrikau, lag das nicht in Russisch-Polen, nahe der Grenze? Verdächtig! Sehr verdächtig! So inquirierte er nun strenger, wann er die österreichische Staatsbürgerschaft erworben habe. Mendels Brille starrte ihn dunkel und verwundert an: er verstand nicht recht. Zum Teufel, ob und wo er seine Papiere habe, seine Dokumente? Er habe keine andern als den Hausierschein. Der Major schob die Stirnfalten immer höher. Also wie es mit seiner Staatsbürgerschaft stehe, solle er endlich einmal erklären. Was sein Vater gewesen sei, ob Oesterreicher oder Russe? Seelenruhig erwiderte Jakob Mendel: natürlich Russe. Und er selbst? Ach, er hätte, um nicht beim Militär dienen zumüssen, sich schon vor dreiunddreißig Jahren über die russische Grenze geschmuggelt, seither lebe er in Wien. Der Major wurde immer unruhiger. Wann er hier das österreichische Staatsbürgerrecht erworben habe? Wozu, fragte Mendel. Er habe sich um solche Sachen nie gekümmert. So sei er also noch russischer Staatsbürger? Und Mendel, den diese öde Fragerei innerlich längst langweilte, antwortete gleichgültig: „Eigentlich ja.“

Der Major warf sich so brüsk erschrocken zurück, daß der Sessel knackte. Das gab es also! In Wien, in der Hauptstadt Oesterreichs, ging mitten im Kriege, Ende 1915, nach Tarnow und der großen Offensive, ein Russe unbehelligt spazieren, schrieb

Cependant, en l'occurrence, cela causa du tort à un pauvre diable, car dès la troisième question, un élément fatidique se découvrit. On lui demanda d'abord son nom : Jakob, plus exactement Jainkeff, Mendel ; sa profession : colporteur. (Il ne possédait pas de patente de libraire, mais seulement un permis de colportage.) La troisième question amena la catastrophe : lieu de naissance ? Jakob Mendel indiqua une petite localité près de Petrikau. Le commandant fronça le sourcil. Petrikau… n'était-ce pas en Pologne russe, tout près de la frontière ? Louche, très louche ! Aussi, l'enquête se fit-elle dès lors plus sévère : Quand avait-il obtenu la nationalité autrichienne ? Mendel le regardait fixement, derrière ses lunettes, d'un air sombre et étonné ; il ne comprenait pas bien. Avait-il des papiers, des certificats, et où, bon sang !… Il n'en possédait pas d'autre que son permis de colporteur. La mine du commandant se plissait de plus en plus : qu'il dise enfin de quelle nationalité il était. Son père était-il autrichien ou russe ? Et Mendel répondit avec la plus grande sérénité : Russe, bien entendu. Et lui-même ?… Lui, il avait passé la frontière clandestinement il y a trente-trois ans pour se soustraire au service militaire. Depuis lors, il vivait à Vienne. Le commandant était de plus en plus perplexe : Et quand avait-il obtenu la nationalité autrichienne ? – À quoi bon ? Il ne s'était jamais occupé de ces choses, répondit Mendel. Alors, il était encore ressortissant russe ?… Et Mendel, que ce fastidieux interrogatoire ennuyait depuis longtemps, répondit avec indifférence : « En fait, oui. »

Le commandant se renversa si brusquement dans son fauteuil que celui-ci en craqua. C'était donc possible ! En 1915, après Tarnow, après la grande offensive, un Russe se promenait en pleine guerre à Vienne, dans la capitale de l'Autriche, de plus il écrivait

Briefe nach Frankreich und England, und die Polizei kümmerte sich um nichts. Und da wundern sich die Dummköpfe in den Zeitungen, daß Conrad v. Hötzendorf nicht gleich nach Warschau vorwärtsgekommen ist, da staunen sie im Generalstab, wenn jede Truppenbewegung durch Spione nach Rußland weitergemeldet wird. Auch der Leutnant war aufgestanden und stellte sich an den Tisch: das Gespräch schaltete sich scharf um zum Verhör. Warum er sich nicht sofort gemeldet habe als Ausländer? Mendel, noch immer arglos, antwortete in seinem singenden jüdischen Jargon: „Wozu hätt ich mich melden sollen auf einmal?" In dieser umgedrehten Frage erblickte der Major eine Herausforderung und fragte drohend, ob er nicht die Ankündigungen gelesen habe? Nein! Ob er etwa auch keine Zeitungen lese? Nein!

Die beiden starrten den vor Unsicherheit schon leicht schwitzenden Jakob Mendel an, als sei der Mond mitten in ihr Bureauzimmer gefallen. Dann rasselte das Telephon, knackten die Schreibmaschinen, liefen die Ordonnanzen, und Jakob Mendel wurde dem Garnisonsgefängnis überantwortet, um mit dem nächsten Schub in ein Konzentrationslager abgeführt zu werden. Als man ihm bedeutete, den beiden Soldaten zu folgen, starrte er ungewiß. Er verstand nicht, was man von ihm wollte, aber eigentlich hatte er keinerlei Sorge. Was konnte der Mann mit dem goldenen Kragen und der groben Stimme schließlich Böses mit ihm vorhaben? In seiner obern Welt der Bücher gab es keinen Krieg, kein Nichtverstehen, sondern nur das ewige Wissen und Nochmehrwissenwollen von Zahlen und Worten, von Titeln und Namen. So trollte er gutmütig zwischen den beiden Soldaten die Treppe hinunter.

des lettres en France et en Angleterre, et la police ne s'occupait pas de lui ! Et il y a des imbéciles pour s'étonner dans les journaux que Conrad von Hötzendorf n'ait pas pu progresser d'un coup jusqu'à Varsovie ! Et notre état-major est surpris que chaque mouvement de troupe soit aussitôt annoncé aux Russes par des espions ! Le sous-lieutenant s'était levé lui aussi, il se posta devant le bureau et l'entretien devint un interrogatoire serré : – Pourquoi ne s'était-il pas tout de suite déclaré comme étranger ? Mendel qui ne se doutait toujours de rien, répondit dans son jargon juif un peu chantant : « Pourquoi me serais-je déclaré tout à coup ? » Dans cette question en retour, le commandant vit une provocation, et il lui demanda d'une voix menaçante s'il n'avait pas lu les avis officiels ? Non ? Et il ne lisait pas non plus les journaux ? Non !

Les deux fonctionnaires restèrent interdits, comme si un extra-terrestre avait atterri dans leur bureau, et Jakob Mendel, perdant contenance, commençait à transpirer. Alors le téléphone sonna, les machines à écrire cliquetèrent, des plantons accoururent, et Jakob Mendel fut conduit à la prison de la garnison pour être transféré, par le prochain convoi, dans un camp de concentration. Quand on lui signifia de suivre les deux soldats, il les considéra d'un air ébahi. Il ne comprenait pas ce qu'on lui voulait, mais il n'était pas vraiment inquiet. Finalement, pourquoi cet homme au col doré, à la voix si dure, aurait-il eu de méchantes intentions à son égard ? Dans son monde supérieur, celui des livres où Mendel vivait, il n'y avait pas de malentendu, pas de guerre, mais un seul désir perpétuellement, celui de connaître, de savoir toujours plus de mots, de dates, de titres et de noms. Il descendit donc l'escalier tout tranquillement, flanqué de deux soldats.

Erst als man ihm auf der Polizei alle Bücher aus den Manteltaschen nahm und die Brieftasche abforderte, in der er hundert wichtige Zettel und Kundenadressen stecken hatte, da erst begann er wütend um sich zu schlagen. Man mußte ihn bändigen. Aber dabei klirrte leider seine Brille zu Boden, und dies sein magisches Teleskop in der geistigen Welt, brach in tausend Stücke. Zwei Tage später expedierte man ihn im dünnen Sommerrock in ein Konzentrationslager russischer Zivilgefangener bei Komorn.

Was Jakob Mendel in diesen zwei Jahren Konzentrationslager an seelischer Schrecknis erfahren, ohne Bücher, seine geliebten Bücher, ohne Geld, inmitten der gleichgültigen, groben, meist analphabetischen Gefährten dieses riesigen Menschenkotters, was er dort leidend erlebte, von seiner obern und einzigen Bücherwelt abgetrennt wie ein Adler mit zerschnittenen Schwingen von seinem ätherischen Element – hierüber fehlt jede Zeugenschaft. Aber allmählich weiß schon die von ihrer Tollheit ernüchterte Welt, daß von allen Grausamkeiten und verbrecherischen Uebergriffen dieses Krieges keine sinnloser, überflüssiger und darum moralisch unentschuldbarer gewesen als das Zusammenfangen und Einhürden hinter Stacheldraht von ahnungslosen, längst dem Dienstalter entwachsenen Zivilpersonen, die viele Jahre in dem fremden Lande als in einer Heimat gewohnt und aus Treugläubigkeit an das selbst bei Tungusen und Araucariern geheiligte Gastrecht versäumt hatten, rechtzeitig zu fliehen – ein Verbrechen an der Zivilisation, gleich sinnlos begangen in Frankreich, Deutschland und England, auf jeder Scholle unseres irrwitzig gewordenen Europa. Und vielleicht wäre Jakob Mendel wie hundert andere Unschuldige in dieser Hürde dem Wahnsinn verfallen oder an Ruhr, an Entkräftung,

Au poste de police on lui sortit tous les livres de ses poches, et on lui confisqua son calepin qui contenait des centaines de fiches et d'adresses importantes. C'est seulement alors qu'il se débattit furieusement. Il fallut le maîtriser. Ses lunettes, ce télescope magique qui le reliait au monde intellectuel, tombèrent hélas ! et volèrent en éclats. Deux jours plus tard, on l'expédia, vêtu de son léger manteau d'été, au camp de concentration pour les civils russes près de Komorn.

Aucun témoignage n'est parvenu sur les souffrances morales que Mendel supporta dans ce camp pendant deux ans. Sans ses livres, ses chers livres, sans argent, entouré dans cette fourrière d'hommes par une foule indifférente et grossière d'analphabètes, il était comme un aigle arraché à l'éther, à qui on aurait coupé les ailes. Mais peu à peu, le monde revenu de sa folie se rend compte que de tous les actes criminels et cruels de la grande guerre, aucun n'a été plus insensé, plus inutile et, partant, plus immoral que le fait de réunir et d'entasser, derrière des fils de fer barbelés, des civils étrangers ayant dépassé depuis longtemps l'âge valide, et qui, confiants en l'hospitalité, sacrée même chez les Toungouses et les Araucans, avaient négligé de fuir à temps. Ce crime contre la civilisation a été commis, hélas, avec la même absurdité en France, en Allemagne, en Angleterre, sur chaque coin de terre de notre pauvre Europe frappée de démence. Comme beaucoup d'autres innocents dans ce parc humain, Jakob Mendel serait sans doute devenu la proie de la folie, ou aurait péri misérablement, emporté par la dysenterie, l'épuisement ou le désespoir,

an seelischer Zerrüttung erbärmlich zugrunde gegangen, hätte nicht knapp rechtzeitig ein Zufall, ein echt österreichischer, ihn noch einmal in seine Welt zurückgeholt. Es waren nämlich mehrmals nach seinem Verschwinden an seine Adresse Briefe von vornehmen Kunden gekommen: der Graf Schönberg, der ehemalige Statthalter von Steiermark, fanatischer Sammler heraldischer Werke; der frühere Dekan der theologischen Fakultät, Siegenfeld, der an einem Kommentar zu Augustinus arbeitete; der achtzigjährige pensionierte Flottenadmiral, Edler v. Pisek, der noch immer an seinen Erinnerungen herumbesserte: – sie alle, seine treuen Klienten, hatten wiederholt an Jakob Mendel ins Café Gluck geschrieben, und von diesen Briefen wurden dem Verschollenen einige nachgeschickt in das Konzentrationslager. Dort fielen sie dem zufällig gutgesinnten Hauptmann in die Hände, der sehr erstaunte, was für vornehme Bekanntschaften dieser kleine halbblinde, schmutzige Jude habe, der, seit man ihm seine Brille zerschlagen (er hatte kein Geld, sich eine neue zu verschaffen), wie ein Maulwurf, grau, augenlos und stumm in einer Ecke hockte. Wer solche Gönner besaß, mußte immerhin etwas Besonderes sein. So erlaubte er Mendel, diese Briefe zu beantworten und seine Gönner um Fürsprache zu bitten. Die blieb nicht aus. Mit der leidenschaftlichen Solidarität aller Sammler kurbelten die Exzellenz sowie der Dekan ihre Verbindungen kräftig an und ihre vereinte Bürgschaft erreichte, daß Buchmendel im Jahre 1917, nach mehr als zweijähriger Konfinierung wieder nach Wien zurückdurfte, freilich unter der Bedingung, sich täglich bei der Polizei zu melden. Aber doch, er durfte wieder in die freie Welt, in seinen alten, kleinen, engen Mansardenraum, er durfte wieder an seinen geliebten Bücherauslagen vorbei und vor allem zurück in sein Café Gluck.

si un hasard bien autrichien ne l'avait inopinément rendu à son milieu naturel. Plusieurs fois depuis sa disparition, des lettres de hauts personnages étaient en effet arrivées à son adresse. Le comte Schoenberg, ancien gouverneur de Styrie, collectionneur acharné d'ouvrages héraldiques ; l'ancien doyen Siegenfeld de la Faculté de théologie, qui travaillait à un commentaire de saint Augustin ; le chevalier de Pisek, amiral en retraite, âgé de quatre-vingts ans et qui n'en finissait pas de peaufiner ses Mémoires – tous, ses fidèles clients, avaient écrit maintes fois à Jakob Mendel au café Gluck ; et quelques-unes de ces lettres avaient été réexpédiées au disparu dans son camp de concentration. Là, elles tombèrent sous les yeux d'un capitaine animé par hasard de bons sentiments, qui fut étonné des relations très distinguées qu'avait ce petit juif sale et à moitié aveugle, qui depuis qu'on lui avait fracassé ses lunettes (et n'ayant pas d'argent pour s'en procurer d'autres) restait accroupi dans un coin, muet et gris comme une taupe. L'homme qui était en rapport avec de telles personnalités ne devait pas être le premier venu. Le capitaine permit donc à Mendel de répondre à ces lettres et de demander à ces personnages d'intercéder en sa faveur. Ils n'y manquèrent pas. Avec la solidarité passionnée de tous les collectionneurs, l'Excellence et le Doyen firent jouer à fond toutes leurs relations et, grâce à leurs cautions réunies, le bouquiniste Mendel put, après une captivité de deux ans, retourner à Vienne en 1917, à la condition de se présenter chaque jour à la police. Quoi qu'il en fût, il pouvait de nouveau se mouvoir librement, habiter sa petite mansarde exiguë et vétuste, passer devant les étalages de livres et surtout se réinstaller au café Gluck.

Diese Rückkehr Mendels aus seiner höllischen Unterwelt in das Café Gluck konnte mir die brave Frau Sporschil aus eigener Erfahrung schildern. „Eines Tages – Jessas, Marand, ich glaub, ich trau meine Augen nicht – da schiebt sich die Tür auf, Sie wissen ja, in der gewissen schiefen Art, nur grad einen Spalt weit, wie er immer hereingekommen ist, und schon stolpert er ins Café, der arme Herr Mendel. Einen zerschundenen Militärmantel voller Stopfen hat er angehabt und irgendwas am Kopf, was vielleicht einmal ein Hut war, ein weggeworfener. Keinen Kragen hat er angehabt, und wie der Tod hat er ausgeschaut, grau im Gesicht und grau das Haar und mager, daß es einen derbarmt hat. Aber er kommt herein, grad als ob nix gewesen wär', er fragt nix, er sagt nix, geht hin zu dem Tisch da und zieht den Mantel aus, aber nicht wie früher so rasch und leicht, sondern schwer geatmet hat er dabei. Und kein Buch hat er mitghabt wie sonst – er setzt sich nur hin und sagt nix und tut nur hinstarren vor sich mit ganz leere, ausgelaufene Augen. Erst nach und nach, wie wir ihm dann den ganzen Pack gebracht haben von den Schriften, die was für ihn kommen waren aus Deutschland, da hat er wieder ang'fangen zu lesen. Aber er war nicht derselbige mehr."

Nein, er war nicht derselbe, nicht das miraculum mundi mehr, die magische Registratur aller Bücher: alle, die ihn damals sahen, haben mir wehmütig das gleiche berichtet. Irgend etwas schien rettungslos zerstört in seinem sonst stillen, nur wie atmend lesenden Blick; etwas war zertrümmert: der grauenhafte Blutkomet mußte in seinem rasenden Lauf schmetternd hineingeschlagen haben auch in den abseitigen, friedlichen, in diesen halkyonischen Stern seiner Bücherwelt. Seine Augen, jahrzehntelang gewöhnt an die zarten, lautlosen, insektenfüßigen Lettern der Schrift, sie mußten Furchtbares gesehen haben

La brave Mme Sporschil avait assisté au retour de Mendel dans le café, après cet enfer. Et elle put me le raconter fidèlement : « Un jour, Jésus-Marie ! je n'en crus pas mes yeux, la porte s'ouvrit très peu, vous savez bien comme il a toujours fait : juste pour le laisser passer. Et le voilà qui entre tout chancelant, le pauvre M. Mendel. Il porte un vieux manteau militaire tout reprisé, et sur la tête quelque chose qui avait peut-être été autrefois un chapeau, et qu'on avait jeté. Pas de col ni de cravate et une mine de déterré, le teint gris, les cheveux tout gris aussi, et si maigre que c'était pitié de le voir. Mais il entre comme si rien ne s'était passé, il ne dit rien, ne demande rien, se dirige vers sa table qui est là, et ôte son manteau – non pas comme jadis, vite et avec aisance, mais à grand-peine et en soufflant beaucoup. Et il n'a pas, comme d'habitude, les poches bourrées de livres ; il s'assied seulement et regarde droit devant lui, les yeux tout vides et cernés. Petit à petit, pourtant, quand nous lui avons apporté toute une liasse de papiers venus pour lui d'Allemagne, il s'est remis à lire. Mais il n'était plus le même.

Non, il n'était vraiment plus le même. Il avait cessé d'être cette merveille du monde, ce répertoire prodigieux de tous les livres. Tous ceux qui le virent à cette époque me l'ont dit avec nostalgie. Quelque chose semblait détraqué à jamais dans son regard, autrefois si calme et si sûr ; quelque chose était brisé. L'horrible comète sanglante avait sans doute buté, dans sa course folle, contre l'étoile alcyonienne paisible et solitaire de son univers livresque. Ses yeux habitués depuis des dizaines d'années aux pattes de mouches minuscules des caractères d'imprimerie avaient sans doute vu

in jener stacheldrahtumspannten Menschenhürde, denn die Lider schatteten schwer über den einst so flinken und ironisch funkelnden Pupillen, schläfrig und rotrandig dämmerten die vordem so wachen Augen unter der reparierten, mit dünnem Bindfaden mühsam zusammengebundenen Brille. Und furchtbarer noch: in dem phantastischen Kunstbau seines Gedächtnisses mußte irgendein Pfeiler eingestürzt und das ganze Gefüge in Unordnung geraten sein, denn so zart ist ja unser Gehirn, dies aus subtilster Substanz gestaltete Schaltwerk, dies feinmechanische Präzisionsinstrument unseres Wissens zusammengestimmt, daß ein gestautes Aderchen, ein erschütterter Herd, eine ermüdete Zelle, daß ein solches verschobenes Molekül schon zureicht, um die herrlich umfassendste, die sphärische Harmonie eines Geistes zum Verstummen zu bringen. Und in Mendels Gedächtnis, dieser einzigen Klaviatur des Wissens, stockten seit seiner Rückkehr die Tasten. Wenn ab und zu jemand um Auskunft kam, starrte er ihn erschöpft an und verstand nicht mehr genau, er verhörte sich und vergaß, was man ihm sagte – Mendel war nicht mehr Mendel, sowie die Welt nicht mehr die Welt. Nicht mehr wiegte ihn völlige Versunkenheit beim Lesen auf und nieder, sondern meist saß er starr, die Brille nur mechanisch gegen das Buch gewandt, ohne daß man wußte, ob er las oder nur vor sich hin dämmerte. Mehrmals fiel ihm, so erzählte die Sporschil, der Kopf schwer nieder in das Buch, und er schlief ein am hellichten Tag, manchmal starrte er wieder stundenlang in das fremde stinkende Licht der Azetylenlampe, die man ihm in jener Zeit der Kohlennot auf den Tisch gestellt. Nein, Mendel war nicht mehr Mendel, nicht mehr ein Wunder der Welt, sondern ein müd atmender, nutzloser Pack Bart und Kleider, sinnlos auf dem einst pythischen Sessel hingelastet, nicht mehr der Ruhm des Cafés Gluck, sondern eine Schande, ein Schmierfleck, übelriechend, widrig anzusehen, ein unbequemer, unnötiger Schmarotzer.

des choses terrifiantes dans le parc humain entouré de fils de fer barbelés. Car les paupières pesaient lourdement sur ses pupilles jadis si mobiles et ironiques ; les yeux autrefois si vifs sommeillaient, cernés de rouge, derrière des lunettes rafistolées avec du fil. Et, plus affreux encore : dans l'édifice fantastique de sa mémoire un pilier avait dû céder et toute la construction s'était affaissée. Notre cerveau est en effet si sensible, ces rouages, cet appareil de précision sont faits d'une substance si délicate qu'une minuscule veine bouchée, un nerf ébranlé, une cellule surmenée, une molécule déplacée suffisent à réduire au silence l'harmonie universelle de l'esprit le plus souverain. Dans la mémoire de Mendel, les touches de ce clavier sans pareil du savoir ne fonctionnaient plus. Quand, de temps en temps, une personne venait lui demander conseil, il la regardait fixement d'un air égaré ; il ne saisissait plus très bien et oubliait rapidement ce qu'on lui disait. Mendel n'était plus Mendel, comme le monde n'était plus le monde. Il ne se berçait plus, quand il lisait, dans une concentration profonde. Il restait assis immobile, ses lunettes braquées machinalement sur son livre. On ne savait au juste s'il lisait ou somnolait. Souvent – à ce que racontait Mme Sporschil –, sa tête s'inclinait lourdement sur le livre et il s'endormait en plein jour. Parfois, il fixait pendant des heures le bec malodorant de la lampe à acétylène qu'on avait mise sur sa table, à cette époque où l'on manquait de charbon. Non, Mendel n'était plus Mendel. Il n'était plus une merveille du monde, mais une misérable loque, barbe et vêtements, respirant péniblement, affalée sur son siège autrefois pythique. Il ne faisait plus la gloire du café Gluck. Il n'était plus qu'un scandale, un type crasseux, puant et dégoûtant d'aspect, un parasite encombrant.

So empfand ihn auch der neue Besitzer, namens Florian Gurtner aus Retz, der, an Mehl- und Butterschiebungen im Hungerjahr 1919 reich geworden, dem biedern Standhartner für achtzigtausend rasch zerblätternde Papierkronen das Café Gluck abgeschwatzt hatte. Er griff mit seinen festen Bauernhänden scharf zu, krempelte das altehrwürdige Kaffeehaus hastig auf nobel um, kaufte für schlechte Zettel rechtzeitig neue Fauteuils, installierte ein Marmorportal und verhandelte bereits wegen des Nachbarlokals, um eine Musikdiele anzubauen. Bei dieser hastigen Verschönerung störte ihn natürlich sehr dieser dickfellige Schmarotzer, der tagsüber von früh bis nachts allein einen Tisch besetzt hielt und dabei im ganzen nur zwei Schalen Kaffee trank und fünf Brote verzehrte. Zwar hatte Standhartner ihm seinen alten Gast besonders ans Herz gelegt und zu erklären versucht, was für ein bedeutender und wichtiger Mann dieser Jakob Mendel sei, er hatte ihn sozusagen bei der Uebergabe mit dem Inventar als ein auf dem Unternehmen lastendes Servitut mitübergeben. Aber Florian Gurtner hatte sich mit den neuen Möbeln und der schönen Aluminiumzahlkasse auch das massive Gewissen der Verdienerzeit zugelegt und wartete nur auf einen Vorwand, um diesen letzten lästigen Rest vorstädtischer Schäbigkeit aus seinem vornehm gewordenen Lokal herauszukehren. Ein guter Anlaß schien sich bald einzustellen, denn es ging Jakob Mendel schlecht. Seine letzten gesparten Banknoten waren zerpulvert in der Papiermühle der Inflation, seine Kunden hatten sich verlaufen. Und wieder als kleiner Buchtrödler Treppen zu steigen, Bücher hausierend zusammenzuraffen, dazu fehlte dem Müdgewordenen die Kraft. Es ging ihm elend, man merkte das an hundert kleinen Zeichen. Selten ließ er sich mehr vom Gasthaus etwas herüberholen und auch das kleinste Entgelt für Kaffee und Brot blieb er immer länger schuldig, einmal sogar drei Wochen lang.

C'était aussi l'opinion du nouveau propriétaire, un certain Florian Gurtner, de Retz, qui s'était enrichi pendant la famine de l'année 1919 en spéculant sur le beurre et la farine, puis avait convaincu le bon M. Standhartner de lui céder le café Gluck moyennant quatre-vingt mille couronnes-papier, dont la valeur avait vite fondu. En paysan énergique il se mit à l'ouvrage et eut bientôt transformé le bon vieux café en un établissement chic. Il acheta au meilleur moment, contre de mauvais billets, des fauteuils tout neufs, fit faire une entrée en marbre et négociait déjà pour installer dans le local contigu une boîte de nuit. Étant donné ce rapide embellissement des lieux, il était gêné bien sûr par ce parasite de Galicie qui occupait une table du matin au soir en ne consommant que deux bols de café et cinq petits pains. Il est vrai que Standhartner lui avait tout particulièrement recommandé son vieux client en essayant de lui expliquer quel personnage important et singulier était ce Jakob Mendel : il le lui avait quasiment remis avec l'inventaire, comme une servitude attachée à l'établissement. Mais avec les meubles neufs et la caisse brillante en aluminium, Florian Gurtner avait fait sienne la mentalité grossière des faiseurs de gains, et il n'attendait qu'un prétexte pour nettoyer de son café désormais sélect, cette trace ultime et importune de la pauvreté des faubourgs. L'occasion ne tarda pas à se présenter, car Jakob Mendel était dans une très mauvaise situation : ses derniers billets de banque avaient été pulvérisés dans le moulin à papier de l'inflation, ses clients s'étaient dispersés. Il n'avait plus assez de forces pour monter les étages comme un petit bouquiniste et acheter des livres au porte à porte. Il était à bout de ressources, ce qui se remarquait à mille petits indices. Il se faisait rarement apporter quelque chose du restaurant d'en face, il tardait de plus en plus à régler son café

Schon damals wollte ihn der Oberkellner auf die Straße setzen. Da erbarmte sich die brave Frau Sporschil, die Toilettenfrau, und bürgte für ihn.

Aber im nächsten Monat ereignete sich dann das Unglück. Bereits mehrmals hatte der neue Oberkellner bemerkt, daß es bei der Abrechnung nie recht mit dem Gebäck stimmen wollte. Immer mehr Brote erwiesen sich als fehlend als angesagt und bezahlt waren. Sein Verdacht lenkte sich selbstverständlich gleich auf Mendel, denn mehrmals war schon der alte wacklige Dienstmann gekommen, um sich zu beschweren, Mendel sei ihm seit einem halben Jahre die Bezahlung schuldig und er könne keinen Heller herauskriegen. So paßte der Oberkellner jetzt besonders auf, und schon zwei Tage später gelang es ihm, hinter dem Ofenschirm versteckt, Jakob Mendel zu ertappen, wie er heimlich von seinem Tische aufstand, in das andere vordere Zimmer hinüberging, rasch aus einem Brotkorb zwei Semmeln nahm und sie gierig in sich hineinstopfte. Bei der Abrechnung behauptete er, keine gegessen zu haben. Nun war das Verschwinden geklärt. Der Kellner meldete sofort den Vorfall Herrn Gurtner und dieser, froh des langgesuchten Vorwands, brüllte Mendel vor allen Leuten an, beschuldigte ihn des Diebstahls und tat sogar noch dick, daß er nicht sofort die Polizei rufe. Aber er befahl ihm, sofort und für immer sich zum Teufel zu scheren. Jakob Mendel zitterte nur, sagte nichts, stolperte auf von seinem Sitz und ging.

„Ein Jammer war's", schilderte die Frau Sporschil diesen seinen Abschied. „Nie werd ich's vergessen, wie er aufgestanden ist, die Brille hinaufgeschoben in die Stirn, weiß wie ein Handtuch. Nicht Zeit hat er sich genommen, den Mantel anzuziehen, obwohl's Januar war,

et son pain et, une fois, cela avait même duré trois semaines. Le garçon-chef avait déjà voulu le mettre alors à la porte, mais la brave Mme Sporschil, prise de pitié, avait répondu pour lui.

Mais le mois suivant, le malheur arriva. Plusieurs fois déjà, le nouveau garçon-chef avait remarqué que ses comptes de boulangerie n'étaient pas justes. De plus en plus de petits pains, commandés et payés par lui, disparaissaient. Il porta bien entendu aussitôt ses soupçons sur Mendel, car le vieux commissionnaire branlant était déjà venu à plusieurs reprises se plaindre que Mendel ne l'avait pas payé depuis six mois et qu'il n'arrivait pas à en tirer un sou. Le garçon-chef redoubla d'attention, et deux jours plus tard il le prit sur le fait. Caché derrière le calorifère, il vit Mendel se lever discrètement, aller dans la salle voisine, prendre très vite deux petits pains dans la corbeille et les avaler gloutonnement. Quand on voulut les lui faire payer, il prétendit n'en avoir mangé aucun. Le mystère était maintenant éclairci. Le garçon rapporta aussitôt le fait à M. Gurtner. Celui-ci, ravi de tenir enfin son prétexte, injuria Mendel devant tout le monde, le traita de voleur et, tout en faisant valoir avec ostentation qu'il n'appelait pas encore la police, il lui intima l'ordre de déguerpir tout de suite et pour toujours. Jakob Mendel, tout tremblant, ne répondit rien, se leva avec difficulté et partit.

« C'était une pitié, me dit Mme Sporschil en évoquant ce départ. Jamais je ne l'oublierai. Les lunettes sur le front, il se leva, pâle comme un linge ; il ne prit même pas le temps de mettre son manteau, et nous étions en plein mois de janvier,

Sie wissen ja, damals im kalten Jahr. Und sein Buch hat er liegen lassen auf dem Tisch in seinem Schreck, ich hab' es erst später bemerkt und wollt's ihm noch nachtragen. Aber da war er schon hingestolpert zur Tür. Und weiter auf die Straßen hätt' ich mich nicht traut, denn an die Tür hat sich Herr Gurtner hingestellt und ihm nachgschrien, daß die Leut' stehen blieben und zusammengelaufen sind. Ja, eine Schand' war's, gschämt hab' ich mich bis in die unterste Seele! So was hätt' nicht passieren können bei dem alten Herrn Standhartner, daß man einen ausjagt nur wegen paar Semmeln, bei dem hätt er umsonst essen können noch sein Leben lang. Aber die Leute von heut', die haben ja kein Herz. Einen wegzutreiben, der über dreißig Jahre wo gesessen ist, Tag für Tag – wirklich, eine Schand' war's, und ich möcht's nicht zu verantworten haben vor dem lieben Gott – ich nicht."

Ganz aufgeregt war sie geworden, die gute alte Frau, und mit der leidenschaftlichen Geschwätzigkeit der Greise wiederholte sie das immer wieder von der Schand und vom Herrn Standhartner, der zu so was nicht imstande gewesen wäre. So mußte ich sie schließlich mahnen, was denn aus unserm Mendel geworden wäre, und ob sie ihn wieder gesehen. Da besann sie sich und wurde noch erregter. „Jeden Tag, wenn ich vorübergegangen bin an seinem Tisch, jedesmal, das können's mir glauben, hat's mir einen Stoß geben. Immer hab' ich denken müssen, wo mag er jetzt sein, der arme Herr Mendel, und wenn ich gewußt hätte, wo er wohnt, ich wär' zu ihm hin, etwas Warmes zu bringen, denn wo hätt' er denn das Geld hernehmen sollen zum Heizen und zum Essen? Und Verwandte hat er auf der Welt, soviel ich weiß, niemanden gehabt. Aber schließlich, wie ich immer und immer nix gehört hab', da hab' ich mir schon denkt, es muß vorbei mit ihm sein, und ich würd' ihn nimmer sehen.

vous vous souvenez, cette année de grand froid. Dans sa frayeur, il oublia son livre sur la table ; je m'en aperçus après coup et je voulus courir derrière lui pour le lui donner ; mais il était déjà dehors et je n'aurais pas osé le suivre sur le trottoir, car monsieur Gurtner l'injuriait et les gens s'attroupaient. Oui, c'était un scandale ! J'avais honte jusqu'au fond de mon âme. Jamais, du temps du vieux M. Standhartner, une chose pareille n'aurait pu arriver, jamais on n'aurait chassé quelqu'un juste pour avoir dérobé quelques petits pains. De son temps, Mendel aurait pu en manger gratis jusqu'à la fin de ses jours. Mais voilà, les gens n'ont plus de cœur aujourd'hui. Chasser un client qui est venu fidèlement ici pendant plus de trente ans ! C'était un vrai scandale ! Je ne voudrais pas avoir à en répondre devant le Bon Dieu – ça, non !

Elle était tout agitée, la brave femme, et avec la volubilité passionnée des vieilles gens, elle ne cessait de parler de ce scandale, et de dire que chez M. Standhartner, cela n'aurait pas pu arriver. Je finis par lui demander ce qu'il était alors advenu de notre Mendel et si elle l'avait ensuite revu. Alors, de plus en plus émue, elle poursuivit d'un seul trait : « Chaque jour, quand je passais près de sa table, vous pouvez me croire, ça me fendait le cœur. Je me demandais toujours malgré moi où il était maintenant, le pauvre M. Mendel. Si j'avais su où il habitait, je lui aurais apporté quelque chose de chaud. Car il n'avait certainement pas de quoi se chauffer et se nourrir, et à ma connaissance, il n'avait aucune famille, personne sur terre. Finalement, comme j'étais toujours sans nouvelles, j'ai pensé que je ne le reverrais jamais plus, qu'il devait être mort.

Und schon hab' ich überlegt, ob ich nicht sollt' eine Messe für ihn lesen lassen, denn ein guter Mensch war er, und man hat sich doch gekannt, mehr als fünfundzwanzig Jahr.

Aber einmal in der Früh, um halb acht Uhr, im Februar, ich putz' g'rad' das Messing an die Fensterstangen, auf einmal (ich mein', mich trifft der Schlag), auf einmal tut sich die Tür auf und hereinkommt der Mendel. Sie wissen ja, immer is er so schief und verwirrt hereingschoben, aber diesmal war's noch irgendwie anders. Ich merk' gleich, den reißt's hin und her, ganz glanzige Augen hat er gehabt und, mein Gott, wie er ausg'seh'n hat, nur Bein und Bart! Sofort kommt's mir entrisch vor, wie ich ihn so seh', ich denk mir gleich, der weiß von nichts, der geht am hellichten Tag als ein Schlafeter, der hat alles vergessen, das von damals und die Semmeln und das vom Herrn Gurtner und daß sie ihn hinausgejagt haben, der weiß nichts von sich selber. Gott sei Dank, der Herr Gurtner war noch nicht da, und der Oberkellner hat grad seinen Kaffee trunken. Da spring' ich rasch hin zu ihm, um ihm zu erklären, er soll nicht dableiben, sich nicht noch einmal hinauswerfen lassen von dem rohen Kerl (und dabei sah sie sich scheu um und korrigierte rasch) – ich mein', vom Herrn Gurtner. Also, „Herr Mendel!", ruf ich ihn an. Er starrt auf. Und da in dem Augenblick, mein Gott, schrecklich war das, in dem Augenblick muß er sich an alles erinnert haben, denn er fahrt sofort zusamm und fängt an zu zittern, aber nicht bloß mit die Finger zittert er, nein, als ein Ganzer hat er gescheppert, daß man's bis an die Schultern gekannt hat, und schon stolpert er wieder rasch auf die Tür zu. Dort ist er dann zusammg'fallen. Wir haben gleich um die Rettungsgesellschaft telephoniert, und die hat ihn weggeführt, fiebrig, wie er war. Am Abend ist er gestorben,

Déjà, je me demandais si je ne devais pas faire dire une messe pour lui, car il était si bon, et nous nous étions quand même connus pendant plus de vingt-cinq ans.

« Mais un matin, de bonne heure, à sept heures et demie, au mois de février – j'étais en train de faire briller la poignée des fenêtres –, v'là-t-il pas que la porte s'ouvre et que Mendel entre ! (J'ai cru que j'allais tomber raide !) Vous savez bien, il entrait toujours d'un pas furtif, l'air embarrassé. Mais cette fois, c'était un peu différent. Tout de suite, je devine qu'il n'a pas toute sa tête. Il a les yeux tout brillants. Mon Dieu, quel air misérable ! Plus que la peau et les os ! Tout de suite, ça me paraît clocher. Puis je comprends : le pauvre homme ne se rend plus compte de rien, il se promène en plein jour comme un somnambule, il a tout oublié, l'histoire des petits pains et le scandale quand on l'a mis à la porte. Heureusement, M. Gurtner n'était pas arrivé et le garçon-chef prenait son café. J'accours ; je lui explique qu'il ne doit pas rester là, sans quoi, le grossier personnage va encore une fois le faire jeter à la porte. » (En disant cela, Mme Sporschil se retourna l'air inquiet et se reprit vite), « Je veux dire M. Gurtner. J'appelle donc : « Monsieur Mendel ! » Il lève les yeux vers moi. Alors, mon Dieu, à cet instant, ce fut horrible, tout a dû lui revenir à l'esprit. Il sursaute et commence à trembler et pas seulement des mains, c'est de tout son corps qu'il grelottait, on le voyait à ses épaules. Puis il gagne la porte en titubant et là il tombe sans connaissance. On téléphone aussitôt à Police-Secours qui arrive sans tarder et l'emporte, tout fiévreux. Le soir même, il mourait ;

Lungenentzündung, hochgradige, hat der Doktor gesagt, und auch, daß er schon damals nichts mehr rechts gewußt hat von sich, wie er noch einmal zu uns kommen ist. Es hat ihn halt hergetrieben als einen Schlafeten. Mein Gott, wenn man sechsunddreißig Jahr einmal wo gesessen ist jeden Tag, dann ist eben so ein Tisch einem sein Zuhaus.“

Wir sprachen noch lange von ihm, die beiden letzten, die diesen sonderbaren Menschen gekannt, ich, dem er als jungem Menschen trotz seiner mikrobenhaft kleinen Existenz die erste Ahnung eines vollkommen umschlossenen Lebens im Geiste gegeben, – sie, die arme, abgeschundene Toilettenfrau, die nie ein Buch gelesen, die diesem Kameraden ihrer untern armen Welt nur verbunden war, weil sie ihm durch fünfundzwanzig Jahre den Mantel gebürstet und die Knöpfe angenäht. Und doch, wir verstanden einander wunderbar gut an seinem alten, verlassenen Tisch in der Gemeinschaft seines heraufbeschworenen Schattens, denn Erinnerung verbindet und zwiefach jede Erinnerung in Liebe. Plötzlich, mitten im Schwatzen, besann sie sich: „Jessus, wie ich vergessig bin – das Buch hab’ ich ja noch, das er damals am Tisch liegen lassen hat. Wo hätt’ ich’s ihm hintragen sollen? Und nachher, wie sich niemand gemeldet hat, nachher hab’ ich g’meint, ich dürft’s mir behalten als Andenken. Nicht wahr, da ist doch nicht Unrecht’s dabei?“ Hastig brachte sie es heran aus ihrem rückwärtigen Verschlag. Und ich hatte Mühe, ein kleines Lächeln zu unterdrücken, denn gerade dem Erschütternden mengt das immer spielfreudige und manchmal ironische Schicksal das Komische gerne boshaft zu. Es war der zweite Band von Hayns „BIBLIOTHECA GERMANORUM EROTICA ET CURIOSA“, das jedem Buchsammler wohlbekannte Kompendium galanter Literatur. Gerade dies skabröse Verzeichnis – *habent sua fata libelli* –

une fluxion de poitrine du dernier degré, nous a dit le docteur, et aussi qu'il ne savait déjà plus très bien ce qu'il faisait en revenant encore une fois au café. Quelque chose l'avait juste poussé comme un somnambule. Ma foi, quand on a été assis chaque jour trente-six ans à la même table, on y revient comme au bercail. »

Nous avons encore longuement parlé de lui, nous, les deux derniers qui avions connu cet homme extraordinaire : moi, le jeune homme à qui il avait révélé pour la première fois, malgré sa minable existence de petit microbe, la plénitude d'une vie spirituelle ; elle, la brave femme des lavabos qui n'avait jamais vu un livre, et dont la seule relation avec ce camarade du pauvre monde était de lui avoir brossé son manteau et cousu ses boutons pendant vingt-cinq ans. Et pourtant nous nous comprenions fort bien devant sa vieille table abandonnée, en communion avec son ombre que nous évoquions ensemble, car le souvenir unit toujours, surtout le souvenir affectueux. Tout à coup, tandis qu'elle parlait, il lui vint une idée. « Doux Jésus ! que je suis oublieuse ! j'ai encore le livre, celui qu'il a laissé autrefois sur la table. Comment le lui aurais-je rendu ? Et plus tard, comme personne ne le réclamait, j'ai pensé que je pouvais le garder comme souvenir. Je n'ai pas mal agi, n'est-ce pas ? » Vite, elle alla le chercher dans son réduit. Et j'eus du mal à réprimer un petit sourire : car le destin, toujours farceur, et parfois ironique, mêle souvent malicieusement le comique aux événements les plus poignants. C'était le second volume de la BIBLIOTHECA GERMANORUM EROTICA ET CURIOSA de Hayn, ce recueil de la littérature galante bien connu de tous les bibliophiles. Il avait fallu que ce soit précisément ce catalogue scabreux – *habent sua fata libelli* –

war als letztes Vermächtnis des hingegangenen Magiers zurückgefallen in diese abgemürbte, rot aufgesprengte, unwissende Hand, die wohl nie ein anderes als das Gebetbuch gehalten. Ich hatte Mühe, meine Lippen festzubeißen gegen das von innen drängende Lächeln, und dies kleine Zögern verwirrte die brave Frau. Ob's am Ende was Kostbares wär', oder ob ich meinte, daß sie's behalten dürft'.

Ich schüttelte ihr herzlich die Hand. „Behalten Sie's nur ruhig. Unser alter Freund Mendel hätte nur Freude, daß wenigstens einer von den vielen Tausenden, die ihm ein Buch danken, sich noch seiner erinnert." Und dann ging ich und schämte mich vor dieser braven, alten Frau. Denn sie, die Unbelehrte, hatte ein Buch bewahrt, um seiner besser zu gedenken, ich aber, durch tieferen Zusammenhang ihm verpflichtet, ich hatte Buchmendels jahrelang vergessen, ich, der ich wissen sollte, daß man Bücher nur schafft, um über den eigenen Atem hinaus sich Menschen zu verbinden und uns so zu verteidigen gegen den unerbittlichen Widerpart alles Lebens: Vergänglichkeit und Vergessensein.

ENDE

qui tombât entre ces mains ridées, rougies et gercées, et ces mains ignorantes qui n'avaient jamais rien tenu d'autre que des livres de prière ! J'avais grand-peine à réprimer le sourire qui me venait aux lèvres, et cette hésitation troubla la femme qui me demanda si c'était un ouvrage précieux ou bien si, à mon avis, elle pouvait le conserver.

Je lui serrai affectueusement la main. « Ne vous en faites pas, gardez-le ! Notre vieil ami Mendel serait très heureux qu'au moins une parmi les milliers de personnes à qui il a procuré un livre se souvienne encore de lui. » Puis je partis, un peu honteux devant cette brave vieille qui était restée fidèle à ce mort, d'une façon si simple et pourtant si humaine. Car elle qui n'avait pas fait d'études, elle avait conservé au moins un livre pour mieux se souvenir de lui. Tandis que moi, j'avais oublié Mendel pendant des années, moi qui devrais pourtant savoir que l'on ne fait des livres que pour rester lié aux hommes par-delà la mort et pour nous défendre ainsi contre l'ennemi le plus implacable de toute vie, le temps qui passe et l'oubli.

FIN

Impression CreateSpace
à Charleston SC, en février 2017.

Imprimé aux États-Unis.

ORiHONi artefact

Découvrez nos collections de livres bilingues
et d'ouvrages décoratifs sur notre site :

www.laccolade-editions.com

9 791095 428428